Digitalisierung braucht Vertrauen,

das auf Verständnis gründet

Technische, juristische und weltanschauliche Fragen der

Quantencomputer, Neuronalen Netze, Algorithmen und Künstlichen Intelligenz

Georg E. Schäfer

Für Paul und Leon

Über dieses Buch:

Digitalisierung kommt und wird unser Schicksal der nächsten Jahrzehnte bestimmen. Wir müssen die Digitalisierung gestalten. Sie bietet ungeahnte neue Möglichkeiten, sie kann unsere Fähigkeiten enorm erweitern. Sie kann uns andererseits in einen Lebensweg pressen, ohne dass wir einen Ausweg finden. Doch was ist zu tun? Verstehen und bewusst leben, muss unser Motto heißen, in einer Welt der potentiell unendlichen Chancen und Herausforderungen.

In der Arbeit, der Freizeit und im Privatleben dominiert die Digitalisierung als Nachfolger der heutigen Informationsgesellschaft. Erwartet wird etwa, dass die Gig-Economy vierzig Prozent der Arbeitnehmer als Selbstständige beschäftigt, die sich von einem, meist kleinen, Auftrag zum nächsten hangeln und weltweit vom heimischen PC aus Aufträge akquirieren werden. Künstliche Intelligenz wird bestimmen, wie unsere Persönlichkeit und unser Potential bewertet werden, wie wir bei Krankheit behandelt werden und wie wir unser Geld anlegen können. Quantencomputer können in Millisekunden unsere Sicherheitsmaßnahmen knacken und uns ausforschen.

Digitalisierung kommt nicht als Gefahr daher, sondern als Verführung. Avatare werden uns komfortabel, liebenswürdig und umfassend überall unterstützen. Viele von uns werden einfache Dinge, wie Reise und Hotel buchen, den hübschen, schnellen Avataren überlassen, selbst unfähig zu durchschauen was der Avatar macht. Wenn wir nicht wissen, wie die Algorithmen rechnen, gestaltet ein guter oder ein schlechter unsere Zukunft. Wir müssen also verstehen, was Digitalisierung mit sich bringt.

Neuronale Netze werden so tun, als könnten sie autonom denken. Gigantische Möglichkeiten bieten sie. Wir werden sie gerne nutzen. Doch es kann auch ein kaltes, maschinelles Denken sein, das unsere Empfindungen, unseren Glauben und unsere Seele verkrüppeln lässt.

Vertrauen können wir der Digitalisierung nur, wenn wir sie verstehen. Das ist das Ziel dieses leicht verständlichen Buches, das letztlich komplexe Sachverhalte aufdeckt.

Zum Autor:

Georg E. Schäfer studierte schon zu Lochkarten-Zeiten Mathematik, Physik und Informatik. Die Computer haben den Diplom-Mathematiker und Leitenden Ministerialrat a.D. nie mehr losgelassen. Forschung und Produkte der Informatik hat er weltweit erkundet. Ihre Anwendung in Wirtschaft, Produktion und Regierung kennt er aus eigener tiefgehender Anschauung.

Jetzt hat er die Zeit, die breite Entwicklung unserer Informationsgesellschaft und Wissensgesellschaft zur Digitalisierung verständlich und umfassend zu beschreiben.

Daraus ist dieses leicht lesbare Buch entstanden, das komplexe Sachverhalte gut nachvollziehbar aufklärt.

Bibliografische Information der deutschen Nationalbibliothek:

Die Deutsche Nationalbibliothek verzeichnet diese Publikation in der Deutschen Nationalbibliografie. Detaillierte bibliografische Daten sind im Internet über http://dnb.dnb.de abrufbar.

© 2018 Georg E. Schäfer

Herstellung und Verlag:

BoD – Books on Demand, Norderstedt

ISBN:

9 783746 093543

Der Text nennt Firmen- und Produktnamen, zur besseren Verständlichkeit, in der populär benutzten Formulierung. Es wird darauf hingewiesen, dass diese Produkte urheberrechtlich geschützt sind und die Firmen im Zweifelsfall juristisch korrekt zu benennen sind.

Inhalt

Vertrauen in die Digitalisierung 7

Digitalkonzepte: Wovon jeder spricht! 11

Wir haben Träume realisiert 17

    Jugendträume erfüllen sich 17

    Information und Macht an den Fingerspitzen 18

    Technischer Wandel wird schließlich institutionell begleitet 20

    Die Angst vor „Allem" ist dahin 22

Leuchtturm 1: Super- und Quantencomputer 24

    Von Neumann - Architektur 24

    Supercomputing strebt zum Exascale 28

    Quantencomputer 30

Leuchtturm 2: Künstliche Neuronale Netze 34

Leuchtturm 3: Algorithmen 41

    Manager wollen Digitalisierung verstehen, indem sie programmieren 41

    Algorithmen werden immer umfangreicher ... und keiner misst ihr Gewicht 42

Leuchtturm 4: Künstliche Intelligenz und Deep Learning 45

    Künstliche Intelligenz (KI) / Artificial Intelligence (AI) 45

    Deep Learning („tiefgehendes Lernen") 50

Vernetzte Digitalisierung und juristische Begriffe dazu 52

    Technik-unabhängiges Deutsch erklärt vieles Technische 52

    Gefangen im Netz – Irrgarten mit Ausgängen 53

    Netze sind nicht nur Kabel sondern auch in der Fläche verteilte, leistungsfähige Computer 55

Digitalisierung und Datenschutz: Korrekt und sicher muss es sein 56

    Was sind Sicherheit und Risiko? 57

    Schutzgüter des Datenschutzes 58

    Verschlüsselung, Steganografie und elektronische Unterschrift 61

    Datensicherheit 63

    Maßnahmen zum Schutz für alle Computer 64

    Maßnahmen zum Schutz unserer PC 66

    Maßnahmen zum Schutz unserer Smartphones 67

Persönlichkeitsrechte in der Informationsgesellschaft 70

    Kinder müssen auch im Netz Kinder bleiben dürfen 71

Missbrauch des Internets muss aufhören 72

Rechtliche Gestaltung der 4 Leuchttürme 74

Auskunft, Löschen und Alternativen müssen alle sensiblen Computersysteme bieten 75

Recht zu erfahren, welchen Techniken und Algorithmen man ausgesetzt ist................. 75

Recht zur Ablehnung automatisierter oder halb-automatisierter Entscheidungen 76

Unser Bewusstsein in der Digitalisierung 77

Wir haben „Alles" bekommen und wollen jetzt „Immer Alles" 79

Der Glaube an das Gute und den Fortschritt charakterisiert die Informationsgesellschaft 81

Hypothese: Menschen können jetzt und Computer demnächst autonom denken 83

Mit Mythen geht man heute wissenschaftlich um 86

Die Wahrheit, nichts als die Wahrheit, schon wegen der Rückkopplung 87

Ohne Kompass ertrinken wir im Meer der Informationen 91

Glück fließt zu denen, die lieben können 93

Politik muss künftig besser beobachten und vorauseilend mit Bedacht eingreifen......... 95

Glaube benötigt eine neue Sprache, in der Musik und in der Verkündigung 98

Die Digitalisierung bleibt nicht Amerikanisch 100

In den Aktienkursen ist viel Hoffnung eingepreist 103

Werbung verliert ihre Bedeutung bei der jungen Generation.................................. 104

Trend zu Bescheidenheit, Regionalem, Bio und einer Sensibilität für Datenschutz 106

Monopole, Arbeitsplätze und Standards 107

„America First" zeigt die Verwundbarkeit... 108

China wächst innovativ und qualitativ 111

Open Source bietet zu fast allem eine Alternative 114

Die geplanten hochintegrierten Systeme sind fragil und unzuverlässig 116

Fazit: Unsere Initiative ist gefragt 118

Stichwortverzeichnis 119

Vertrauen in die Digitalisierung

Im November 2017 hat ein mittelständischer Unternehmer bei dem Heilbronner Prälaturforum den Trend zu einer Digitalisierung rundweg verneint. Er habe davon noch nichts gemerkt. Vielleicht nicht so extrem, aber viele, die täglich in der beruflichen Routine ihre Leistung bringen, sind bei dem Thema Digitalisierung orientierungslos. Das ist gefährlich für die gesellschaftliche und politische Orientierung, für das Individuum, das Unternehmen und seine Beschäftigten. Allerdings ist die tiefgehende Unsicherheit beim Thema Digitalisierung kein Wunder. Nur wer Jahrzehnte Erfahrung mitbringt, wer viel Zeit zum Recherchieren und Schreiben hat, kann das komplexe Thema in der notwendigen Breite erschließen. Für viele heißt sonst Digitalisierung nur, dass Glasfaserkabel für Internet und Fernsehen im Land verlegt werden.

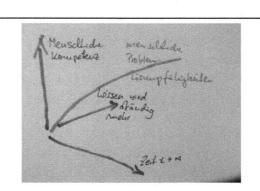

Wenn wir realistisch sind, können wir unsere Zukunft in der Informationsgesellschaft gestalten.

In den Medien kocht jeder sein Süppchen. Halbwahrheiten, Übertreibungen, Verniedlichungen und die ewige Frage, wie weit hinkt Deutschland hinterher, lösen sich rasant ab. Jetzt ist Zeit inne zu halten. Sich erst informieren, wichtige Fragen ganzheitlich erörtern, und dann die Zukunft gestalten. Nur so kann es gehen. Die Zeit nehmen wir uns. Das ist die Antwort auf die Frage, wieso dieses Buch geschrieben wurde:

Weil es dieses Buch noch nicht für gibt, geschrieben für Solche mit wenig und Solche mit viel Zeit. Nur dieses Buch gibt technische, rechtliche und weltanschauliche Orientierung. Weil die ganzheitliche Sicht unerlässlich ist.

Naturwissenschaftler werfen ungestüm das Denken ihrer Zeit um, merken aber offenbar nicht, wohin sie treiben. Über sich nachdenken, das sich wandelnde Bewusstsein der Gegenwart kritisch untersuchen, fällt denen schwer, die lieber Formel-Lindwürmer schreiben als einen für alle verständlichen Satz. Schlimmer noch, Naturwissenschaftler lesen auch nur selten Bücher über die Gesellschaft, ihre Kultur und Philosophie. Immer noch rekrutieren sich die „Senioren" der heutigen Wissenschaft weitgehend aus der Forschermentalität der Nachkriegsgeneration, die lieber hart arbeitet als müßig philosophiert. Soziale Kompetenz, Philosophie (die über Atomphysik hinaus geht und Gesellschaft umfasst[1]) oder Kirche reizt nur wenige. Kirche: Viele der dort gesungenen und gesprochenen Aussagen sind für Naturwissenschaftler unverständlich. Spricht der Theologe vom dreieinigen Gott, dann ist dies für einen Mathematiker so ein unsinniger Begriff wie „das runde Quadrat" oder „der Wagen, der blitzeschnell langsam um die Ecke fuhr". Das sind inhaltslose Aussagen. Für Physiker und Informatiker, die vom Fortschritt der Wissenschaft überzeugt sind und alles Neue aufsaugen wie ein

---

[1] Ein solcher Physiker, Philosoph und Friedensforscher war beispielsweise Carl Friedrich von Weizsäcker (1912-2007)

Schwamm, sehen einen Blick über ihr Fach hinaus zu oft als Zeitverschwendung. Dann doch lieber kurz einen Tatort ansehen und stundenlang einen fachlichen Aufsatz lesen!

Politik spricht von Digitalisierung, tut sich schwer damit wie die Kanzlerin Angela Merkel im Wahlkampfduell 2017, als sie schon glücklich war, dass sie das Wort früher als ihr Diskussionsgegner Martin Schulz von der SPD sagen konnte. Auch im Sondierungspapier der CDU mit der SPD haben beide Parteien nicht dazugelernt. Wir geben in der EU ein Vielfaches von dem, was man für Digitalisierung und Sicherung künftiger Arbeitsplätze braucht, für die Landwirtschaft aus. Inhaltlich konnte und kann Martin Schulz mit Digitalisierung offenbar auch nichts anfangen. Fazit: Diese Politiker wollen ein Hochtechnologieland steuern und können, obwohl die Kanzlerin Physikerin ist, bei dem Thema offenbar nicht tief blicken. Schnellere Netze und dafür Bagger fahren lassen, das ist noch verständlich. Wenn es nur nicht so viel kosten würde, denken die Finanzminister in ihrer Kurzsichtigkeit.

Doch Verkabelung ist nur ein Randbereich der Digitalisierung. So wie wir Luft zum Atmen brauchen, benötigen Hochleistungscomputer, Clouds, Big Data usw. die schnellen Funk- und Glasfasernetze! Giga-Bit-Netze[2] sind faszinierende technische Meisterwerke, auf die wir hier nicht so breit eingehen, da sich dort kaum technische Umwälzungen abspielen. Normal ist heute, dass sie auf Glasfasertechnik basieren und optisch gesteuert werden. Die Lichtfarben repräsentieren Unternetze und diese werden durch optische Brechung umgelenkt. Dadurch werden die Wege der Datenpakete vielfach mit Lichtgeschwindigkeit und hoher Sicherheit bestimmt, statt wie vordem mit Netzcomputern, die pro Weiterleitung eines Datenpakets 150 bis 400 Millisekunden brauchten. Auch in die optisch gesteuerten Hochgeschwindigkeitsnetze sind Netzcomputer eingebunden. Sie verwalten die Prioritäten, lösen Staus auf, finden Umwege bei Netzschäden und garantieren viel Sicherheit.

Eine umwälzende Neuerung der Digitalisierung ist beispielsweise die künstliche Intelligenz. Bei dem herrschenden eklatanten Mangel an Facharbeitern und Forschern können wir die anstehenden Denkaufgaben zur Umwelt, den sozialen Systemen und, um noch ein drittes Beispiel zu sagen, zur Finanzwelt, nicht nur mit Menschen lösen, sondern müssen mit klug programmierten Computersystemen helfen. Digitalisierung ist auch Industrie 4.0, also die ganzheitliche Integration industrieller Prozesse über mehrere Firmen und Behörden hinweg, sowie die Folgestufen. Diese Folgestufen werden erfordern, dass künstliche Intelligenz diese mit Industrie 4.0 integrierten Prozesse anreichert.

Der sonst so positive Elon Musk, unter anderem als Gründer der Elektroautomarke Tesla bekannt, befürchtet, dass diese von uns geschaffenen intelligenten Prozesse irgendwann einen recht unintelligenten Dritten Weltkrieg auslösen werden. Die Gefahr ist, wie wir sehen werden, nicht sicher von der Hand zu weisen. Doch wenn die Maßnahmen zur Gestaltung der Risiken, die wir hier begründen und aus einer verständlichen Darstellung der Technik heraus erläutern werden, ganzheitlich ergriffen werden, lässt sich die Technik beherrschen. Ein Bündel an abgestimmten Maßnahmen wird es sein müssen, wollen wir unser Mensch-Sein bewahren. Computer können heute schon, wie wir begründen werden, autonom denken. Und zwar, wenn wir an das Go- oder Schachspiel denken, folgern sie schneller als wir. Wollen wir unser Mensch-Sein bewahren, müssen wir also erst einmal klären, was dieses Mensch-Sein überhaupt sein soll.

---

[2] In der traditionellen Computertechnik (im Gegensatz zu den Quantencomputern), von der wir hier reden, ist ein Bit entweder der Zahlenwert 0 oder 1. Megabit sind 106 Bits, 1 Gigabit sind 109 Bits, also 1000 Mega-Bits. Ein Giga-Bit-Netz kann mehrere Giga-Bit pro Sekunde übertragen. Es ist heute unerlässlich, weil sehr viele Datenströme für viele Unternehmen und Privatleute über solche Netze abgewickelt werden,

Es ist an der Zeit, sich bewusst zu werden, wo es hingeht. Nicht um Zukunftstechnologie zu bejubeln oder zu verteufeln. Wir brauchen Computer, um die Umwelt-, Forschungs-, Pflege- und Verteilungsaufgaben unserer Zeit zu lösen. Technik müssen wir verantwortungsbewusst gestalten, so wie wir mit der Technik unsere Welt stärker als bisher und ganzheitlich gestalten müssen. Computer sind weder gut noch schlecht. Sie sind wie ein Brotmesser, mit dem man Hungernden eine Scheibe Brot herunterschneiden kann, mit dem man aber auch jemanden verletzen oder erstechen kann. Technik muss man gestalten. Die Frage ist: wie?

Alle erschrecken, weil im Januar 2018 plötzlich der Öffentlichkeit bekannt wird, dass bestimmte Rechnerprozessoren etwa von Intel, AMD, ARM, Apple unsicher sind. Experten können die Rechner ausforschen und gezielt auf Passwörter usw. zugreifen.[3] Informatiker wussten das schon seit 20 Jahren.[4] Wieso passiert so was? Was machen wir falsch? Die Antwort verblüfft und ist einfach.

Kurt Friedrich Gödel (1906-1978), ein österreichischer Mathematiker und am Ende seines Lebens ein guter Freund von Albert Einstein (1879-1955), hat bewiesen, dass wir praktisch von keiner Überlegung, Theorie oder Formelsammlung sagen können, dass sie richtig sind. Das heißt: **Wir können keine fehlerfreien Computer schaffen**. Weder die klassischen von-Neumann-Computer noch die neuen Quantencomputer sind fehlerfrei. Zweifellos lastet ein Fluch auf unserem beschränkten Denken und der damit gebastelten Technik: Das ist der Grund, wieso wir immer mit falschen Berechnungen, Computer-Attacken, Computerviren, auf Computertechnik aufbauende Kriege zwischen

> Eine virtuelle Organisation (Bank, Versicherung, Kaufhaus, usw.) ist dasselbe wie die altbekannte reale Organisation, bloß dass man kein reales Haus, keinen realen Schalter, keine reale Kasse findet, wo man hingehen kann.
>
> Virtuelle Geschäftsprozesse kann man nicht dauerhaft sichern, da die von Kurt Gödel erkannten mathematischen Gesetze sagen: Wir können nie fehlerfrei denken.

Staaten, Wahlmanipulationen usw. rechnen müssen. Smartphones, selbstfahrende E-Mobile, medizinische Diagnose- und Behandlungscomputer müssen wie alle Computer und Computerprogramme ständig durch Wartung und neue Programmversionen aktualisiert werden. Wir werden hier diskutieren, dass es dafür Lösungen gibt. Normalerweise darf der Kunde fehlerhafte Produkte zurückgeben und ein fehlerfreies Produkt verlangen. In der Computertechnik ist das wegen der Gödel'schen Gesetze ganz anders. Hier zahlen die Kunden, damit sie aus einer riesigen Datenbank die aktuellen Fehler erfahren können.

> Für virtuelle Organisationen gelten die Vorschriften wie für reale Organisationen, bloß noch etwas mehr. Und weil alles so kompliziert ist, helfen uns in Streitfällen oder bei der Aufklärung des Sachverhalts beispielsweise die Datenschutzbeauftragten von Bund und Ländern als neutrale Anwälte.

Kurt Friedrich Gödel lehrt uns Demut! Diesen Grundgedanken sollte der Leser von jetzt an nie mehr vergessen, wenn er sich mit Computertechnik, den neuen Erkenntnissen der Wissenschaften, der Geisteswissenschaft und Theologie auseinandersetzt. Von jetzt an glauben wir nicht mehr alles, was wir lesen und denken.

---

[3] Moritz Lipp, Michael Schwarz, Daniel Gruss, Thomas Prescher, Werner Haas, Stefan Mangard, Paul Kocher, Daniel Genkin, Yuval Yarom, Mike Hamburg, Meltdown, www.meltdownattack.com, Abruf 5. Januar 2018
[4] KOCHER, P. C. Timing Attacks on Implementations of DiffeHellman, RSA, DSS, and Other Systems. In CRYPTO (1996).

Der Autor weiß, dass er während den heißen Phasen seines Berufslebens nie die Zeit hatte, ein Buch wie dieses von vorne nach hinten zu lesen. Für sich das Wichtigste aus einem Buch herauszuholen, ist schwierig, falls der Autor das nicht erleichtert. Dieses Buch ist so geschrieben, dass es leicht von allen gelesen werden kann, die sich für eines der großen Themen interessieren. Der Leser kann im Text hin und her springen. Man muss nicht alles akribisch von vorne nach hinten lesen. Denn in **Schnell-Lese-Kästchen** fassen wir immer wieder den Inhalt kurz und knapp zusammen.

Den Leser erwarten hier konkrete Informationen, keine abgehobenen Spekulationen oder effektheischende Zukunftsszenarien. Dieser Charakter wird besonders in den konkreten Sicherheitshinweisen deutlich, die in den Datenschutz- und Datensicherheitskapiteln enthalten sind.

> Wieviel Zeit verbringen wir, um unser Auto fahren zu dürfen, es zu verstehen, zu warten, zu versichern, zu navigieren und uns unproduktiv über die Straße zu bringen. Einen kleinen Teil dieser Zeit verbringen wir bloß um unsere PC und Telefone zu verstehen. Obwohl die viel komplizierter und oft gefährlicher sind.

Dem Autor ist letztlich ein Thema besonders wichtig: **Wie gehen wir weltanschaulich mit der rasanten technischen Entwicklung um?** Die meisten von uns überfordert die moderne Informations- und Wissenstechnik. Mit schlechtem Gewissen geben sie Daten ein, nutzen soziale Netzwerke und Messenger-Dienste wie WhatsApp. Alle Informationen landen in den USA. Was passiert damit? Wenn jeder alles über mich weiß, wer bin ich dann noch? Wo finde ich meine weltanschauliche Balance? Was kann ich wissen und woran muss ich zweifeln? Nachdem alle Sachinformationen beschrieben sind, wendet sich das Buch in den hinteren Kapiteln diesen weltanschaulichen Fragen zu. Nicht im Sinne eine Belehrung, sondern im Sinne eines geistigen Sparrings als Chance für den Leser, seine sicher vorhandene Position zu überprüfen!

Digitalkonzepte: Wovon jeder spricht!

Kein Wunder, dass Digitalisierung vielen wie ein riesiges Sudoku erscheint, wo doch die Informationstechnik in alle Lebensbereiche irgendwie gleich und irgendwie doch anders eingreift. Bevor wir in den Kern der Digitalisierung und in die Themen des Buches einsteigen, sollen hier wichtige Begriffe für Technologien, die alle vier Leuchtturm-Technologien (Algorithmen, Künstliche Intelligenz, Künstliche Neuronale Netze und Quantencomputer) berühren, verständlich erklärt werden. Das können Sie jetzt überspringen, wohl wissend, wo Sie bei Bedarf nachlesen können.

Durch diese Kurzfassung wird sicher manches auf den Punkt gebracht. Das mag in dem einen oder anderen Fall überspitzt klingen und Experten mögen auch einmal darauf hinweisen, dass eine Aussage Zukunftsmusik ist. Doch genau diese Musik spielen wir hier. Und wenn wir im nächsten Urlaub die Zeitung aufschlagen, ist der hier vorauseilend beschriebene Entwicklungstand schon erreicht. Zudem: Nur so werden rasante Entwicklungen verständlicher. Wo nicht klar ist, wo es hingeht, unterlassen wir jedwede Spekulation und nennen das Problem beim Namen.

Internet of Things (IoT)	Mit dem Internet der Dinge (Internet of Things) bezeichnet man den Zustand, bei dem alle Gegenstände (Kleider, Milchflaschen, Butterpackungen, Lichtschalter, Kühlschränke, Waschmaschinen, Bohrmaschinen, usw.) einen mehr oder weniger großen Computerchip (mit einer eigenen Internet-Adresse) und einen oder mehrere Software-Avatare (Erläuterung siehe unten) haben. So kommunizieren sie mit einem oder vielen Rechnern im Internet. Was soll das denn? Die Vorstellung, dass sich die Butter automatisch auf die elektronische Einkaufsliste setzt, wenn nur noch 80 g in der Packung sind, überzeugt keine passionierten Köche, Gourmet-Hobby-Köche schon gar nicht, weil diese immer frisch und immer bezogen auf den Zeitpunkt der nächsten Einladung kochen und einkaufen.

Aber: Für Unternehmen ist das in der Produktion und im Handel eine enorme Hilfe. Industrie 4.0 benutzt etwa Akkuschrauber, mit denen eine Schraube nicht mehr falsch eingedreht werden kann und der zudem sicherstellt, dass jede mit ihm festgemachte Schraube in der Cloud dokumentiert ist. Anderes Beispiel: Fährt der Einkaufswagen an der Kasse vorbei, ist die Rechnung schon fertig, wenn wir die Hände vom Bügel nehmen. Amazon hat einen derartigen Einzelhandelsladen im Januar 2018 in Seattle eröffnet. Das Smartphone zahlt auf Kommando. Oder: Chips in der Kleidung können Wetterdaten live registrieren, unseren gesundheitlichen Zustand, unsere sportliche Leistung und vieles mehr. Wichtig: Aufgrund des Elektro-Smogs in unserer Umgebung, selbst in ländlichen Regionen, benötigen diese Chips heute keine Batterie mehr. Sie tanken aus den Funknetzen ihre Akkus auf, wie manche Autoschlüssel beim Fahren unseres Pkw alle Motordaten aus dem Bordcomputer aufnehmen.

Verkabelung, Glasfaser in die Fläche	Aus guten Gründen verlangt eine EU-Richtlinie, dass 3-Sterne-Hotels eine leistungsfähige Internet-Anbindung benötigen, sonst dürfen sie keine drei Sterne tragen. Der Verödung unserer Regionen und der Landflucht muss vorgebeugt werden. In Deutschland sind viele Start-ups auf dem Land gut aufgehoben, bei geringen Mietkosten, günstigen Gehältern und viel Fläche für das künftige Wachstum. Aber: Oft fehlt der Giga-Bit-Netzanschluss[5]! Die in diesem Buch nachfolgend beschriebenen vier Leuchttürme erklären sofort, dass ohne Giga-Internet künftig keine Firma mehr auf das Land ziehen kann. Viele Dörfer und dort ansässige Firmen haben notgedrungen, da die Telekom untätig blieb, bereits aus eigener Tasche hoch dimensionierte Internet-Anschlüsse realisiert. In einem Hochtechnologie-Land ohne wesentliche Rohstoffe ist eine Glasfaserverkabelung erster Qualität eine Selbstverständlich. Doch die deutsche Bundespolitik erkennt dies immer noch nicht in ihrer Bedeutung.

Unsere ambitionierten Umweltziele lassen sich ohne Internet nicht realisieren. Software-Updates können Elektroautos nur über das Internet erhalten. Banken benötigen Internet-Netze ebenso wie Geldanlagen, Börsengeschäfte, Gesundheitsdienste und Sicherheitsmaßnahmen. Glasfaser ist dabei aus vielen Gründen nötig. Vermeidung von Elektro-Smog, der bei Funknetzen entsteht, und die hohe Abhörsicherheit von Glasfaser-Netzen sind zwei Argumente. Was man selten diskutiert ist, dass Netze mit Metallkabeln durch den elektromagnetischen Impuls von Kernwaffen beschädigt werden, nicht aber Glasfasernetze. Ignoriert man diesen Aspekt völlig, dann lädt man Kriminelle und feindselige Staaten geradezu ein, die künftig überlebenswichtige elektronische Infrastruktur unseres Landes mit einer Bombe zu beschädigen.

Cyberwar	Unternehmen und Privatleute unterschätzen immer noch sträflich die vielen Attacken, die laufend auf ihre Computer einwirken. Cyberwar beinhaltet die Versuche von Regierungen, Wahlen zu beeinflussen. Auch Attacken wie sie vor einige Zeit auf im Iran installierte Siemens-Anlagen durchgeführt worden sind, gehören dazu. Damals hat in Energieanlagen und Produktionsanlagen eingeschleuste Schadsoftware zu falschen Anzeigen im Kontrollzentrum der jeweiligen Anlagen geführt. Kraftwerke können, un-steuerbar durch die Kontrollzentren vor Ort, heruntergefahren werden. Jedes denkbare Szenario ist realisierbar: die Zerstörung oder Fälschung von Hotelreservierungen, Angriffe auf Versicherungen und Produktionsanlagen und selbstverständlich sind auch militärische Anlagen Zielobjekte. Dadurch, dass im Sicherheitsbereich rigorose Abschottungen und speziell ausgetestete ältere Software-Versionen benutzt werden, ist ein Angriff schwieriger.

Privatleute können durch die Nutzung mehrerer Notebooks oder PCs für sensible Anwendungen auch Geräte benutzen, die nicht oder nur in Ausnahmefällen an das Internet angeschlossen werden. Das automatisierte Auslesen oder eine Erpressung durch Lahmlegen des PC ist dann sehr unwahrscheinlich. Der ständig am Internet gehaltene PC wird im Angriffsfall einfach gelöscht und neu aufgesetzt. Die sensiblen Produktiv-PCs sind nicht betroffen.

---

[5] Ein Giga-Bit Netz überträgt 1000 Milliarden Bit (etwa 100 Milliarden Zeichen wie Buchstaben oder Ziffern) pro Sekunde. Wenn es für etwa 1000 Unternehmen arbeitet, ist das nicht viel.

Cyberrisiken	Cyberrisiken sind im Konsumentenalltag der Privatnutzer die vielen möglichen Schadsoftware-Varianten wie Viren, Trojaner und das geheime und kriminelle Auslesen von Kontaktordnern, Mailordnern und dergleichen. Das gilt für Smartphones und für private PC. Lästig, zeitraubend und kostspielig ist das alles, besonders wenn durch das Verschlüsseln von Speicherbereichen Erpressung betrieben wird. Cyberrisiken verursachen im industriellen und kommerziellen Bereich aber bedeutend größeren Schaden. E-Autos benötigen beispielsweise wegen der Komplexität des autonomen Fahrens laufend funktionale Updates, genauso wie vernetzte Prozessketten der Industrie 4.0. Während der Updates ist eine Nutzung des E-Autos und ein störungsfreier Ablauf der Prozessketten nicht immer möglich. „Rückrufaktionen", wie wir sie heute von der mechanischen Autoindustrie kennen, werden im elektronischen Bereich noch öfter eintreten. Fehlerfreie Software gibt es nicht. Die Herstellerhaftung greift, etwa wenn der Hersteller unfallfreies Überholen auf der Autobahn zusagt und er nach einem Unfall einen Fehler in seiner Software findet. Hier wird der Hersteller innerhalb von Stunden reagieren müssen.
Blockchain	Die Blockchain-Technologie ist noch nicht voll entwickelt, wenngleich sie schon in verschiedenen Projekten eingesetzt wird. Estland sagt, sein E-Government mit den gut 600 online-Lösungen der öffentlichen Verwaltung für Bürger und über 1000 zusätzlichen Anwendungen für die Unternehmen würde darauf aufbauen. Die Idee der Blockchain ist, dass in verteilten Systemen auf riesige, für Hacker attraktive Datenbanken verzichtet wird, und Datenverarbeitungsaufträge wie Perlen auf einer Kette mit einer bestimmten formalen Struktur aneinander gereiht werden. Die in den Kettengliedern („Blocks") genannten Verarbeitungsaufgaben (z.B. im Daimler-Projekt: Zeichnung einer Anleihe) werden dann von den jeweiligen Computern abgearbeitet. Experten sind sich einig, dass hier noch viele Aufgaben bis zum Internet 5.0 gelöst werden müssen, auch solche der Computersicherheit. Bitcoins, die digitale Währung, wird über Blockchains verwendet. Regulierungen wie etwa in Südkorea werden dem zumindest teilweise ein Ende setzen, weil Regulierungen zentrale Kontrollstellen benötigen.
Bitcoins und andere Kryptowährungen	Bitcoins funktionieren währungstechnisch im Grunde wie die Ehrenamts-Taler, die es in vielen Städten der Welt gibt. Ehrenamtlich Tätige erhalten als Anerkennung für die geleistete Arbeit einen Taler. Funktioniert das System und arbeiten in einer Stadt viele Ehrenamtliche mit hoher Leistung, dann ist der Ehrenamts-Taler etwas wert. Dann kann mit ihm im Dritte Welt Laden oder sonst wo eingekauft werden, ohne eine Bank zu beteiligen. Verschwindet das ehrenamtliche Engagement, dann ist der Taler nichts mehr wert. Das übertragen auf eine elektronisch gesteuerte und weltweit operieren de Währung ist die virtuelle Währung der Bitcoins.
	Ein feiner Unterschied zwischen Ehrenamtstalern und Bitcoins sowie den anderen Kryptowährungen existiert: Bitcoins sind weltweit und nicht nur regional handelbar und sie sind elektronisch. Kein Wunder, dass hier gezockt wird, was das Zeug hält. Geldwäsche ist möglich und alles illegalen und halblegalen Geschäfte, die wir uns ausdenken können, kann man damit erproben.

Maximal dürfen 21 Millionen Bitcoins durch die Berechnung von jeweils einer kryptografischen, sehr langen Zahl pro Bitcoin im Umlauf sein[6]. Die Bitcoins können nur von Computer zu Computer (Notebook, Smartphone, Server usw.) weitergegeben werden, als Ganzes oder als beliebig kleiner Bruchteil eines Bitcoins. Ein Bitcoin, dessen Wert (derzeit 14.000 US-Dollar) sich laufend durch die Börse bestimmt wird und steigen und fallen kann, kann und muss nicht als Ganzes ausgegeben werden. Wenn ein Bitcoin, mehrere Bitcoins oder Bruchteile eines Bitcoins ausgegeben werden, wird in keinem Fall eine Bank benötigt. Gebühren, Kontrollmechanismen mit digitaler Dokumentation und Bürokratie fallen weg. Man kann diese virtuelle Wahrung vom Smartphone direkt auf eine Kasse in einer Bar zahlen. Oder man verwendet eine Bitcoin-Blockchain, etwa wenn ein Besitzer eines Elektromobils an einer Strom-Zapfsäule Strom bezahlen will. Behauptet wird, dass Tausende Computer verstreut über die ganze Welt jederzeit festhalten, wo die Bitcoins sind. Allerdings wurden am 7. Dezember 2017 durch einen Hacker-Angriff, vermutlich von außerhalb der EU, etwa 80 Millionen US-$ von der slowenischen NiceHash-Firma gestohlen. Die Analyse läuft noch. Derzeit laufen Bestrebungen, weitere Bitcoin-Währungen aufzubauen. Wie sich da die Börsen verhalten, wird mit viel Interesse verfolgt werden.

Klar ist: Beliebig viele Bitcoin-Währungen können realisiert werden. Vertraut man einer, dann heißt dies nicht, dass man auch einer anderen vertraut. Die nationalen Zentralbanken stützen und regulieren diese Pseudo-Währungen bislang nicht.

Advanced Analytics	Fortschrittliche analytische Methoden nutzen eine Kombination der modernsten Techniken. Wesentlich sind Cloud-Lösungen mit riesigen Verarbeitungsleistungen und Speicherkapazitäten, Big Data-Analyse-Werkzeuge für strukturierte Daten aus Datenbanken und unstrukturierten Dokumentensammlungen (gescannt, fotografiert, beschädigt durch Wasser aus Archiven usw.) sowie Methoden der Künstlichen Intelligenz. Die deutsche Firma SAP hat die HANA-Technologie entwickelt, bei der etwa ein Arzt, der eine Diagnose am Bildschirm zu einem Patienten eingibt, sofort (wahrhaftig als Blitz am Bildschirm) erfährt, wie viele Patienten in seinem Klinikum und weltweit diese Krankheit haben, was als Standard-Therapie dem Alter nach üblich ist, welche Studien laufen und was sich in der Behandlungs-Praxis bewährt hat.
Data Intelligence	Die Datenbankspezialisten haben seit Erfinden der Datenbanken erfolgreich das Ziel verfolgt, die Daten plausibel und sinnlogisch zu strukturieren und zu speichern. Wer seine strukturierten und unstrukturierten Daten (zum Begriff siehe Advanced Aanalytics) mit diesen Hintergedanken ablegt, findet zielsicher, schnell und kann auch komplexeste Auswertungen leicht durchführen. Übrigens: Datenbanken erfand man, damit Nutzer in den Firmen aus allen Abteilungen auf ein und den gleichen Datenbestand zugreifen und die Daten bei Veränderungen durch eine Abteilung sofort alle anderen mit den aktuellsten Daten versorgt. Die Datenbank speichert jedes Einzeldatum nur einmal, das aber für alle Nutzer aus dem gesamten Unternehmen. Klar, die Banken und die Fluglinien wollten das zuerst, später kamen Hotels und Bahnen dazu und dann alle Unternehmen, schließlich auch die Behörden (Gemeinden und Polizei).

---

[6] Bitcoin wurde erst 2008 realisiert. Die Entwicklung ist wissenschaftlich jedoch schon in den 1990er Jahren vorbereitet worden (vgl. etwa Georg Schäfer, Mit Sicherheit erfolgreich, 1997, v. Decker Verlag, ISBN 3-7685-4796-5). Damals wurde das sog. virtuelle oder elektronische Geld unter anderem als unbedingt notwendig, aber auch als Beispiel gesehen, um die perfekte Erpressung durchzuführen.

Netzneutralität

In den Anfängen des Internets hielten die meisten Nutzer es für selbstverständlich, dass große, finanzstarke und kleine, sich erst entfaltende Unternehmen das Internet in derselben Form nutzen können. Diese Haltung wollten die großen Telekommunikations-Unternehmen und auch Dienste-Anbieter wie Soziale Netzwerke, Smartphone-Hersteller und Cloud-Anbieter, schon immer ändern. Exklusive, firmenspezifische, schnelle Internet-Verbindungen sollten es ermöglichen, die Kunden an die Konzerne zu binden und etwa Streamingdienste exklusiver verkaufen zu können. 2016 hat die Europäische Union diese Netzneutralität im August weitgehend vorgeschrieben. Die Bundesnetzagentur berichtet in ihrem Jahresbericht zur Netzneutralität über Verstöße. 2017 hat die US-Telekommunikationsbehörde FCC angekündigt, dass sie am 14. Dezember 2017 über die Abschaffung der Netzneutralität abstimmt. Die American Civil Liberties Union (ACLU) und die Mehrzahl der 22 Millionen Kommentare an die FCC zu diesem Thema sprechen sich klar für die Beibehaltung der Netzneutralität aus. Die FCC will nicht nur die Netzneutralität in dem oben genannten Sinn ändern, sondern auch zulassen, dass Firmen beim Internet-Anschluss ihrer Kunden bestimmte Web-Sites und Informationen sperren und nur gegen Bezahlung freigeben. Man könnte das eine kommerzielle Zensur nennen. 2017 hatte die FCC bereits wichtige Datenschutzregelungen abgeschafft. So dürfen Unternehmen jetzt von ihnen aufgezeichnete Personendaten ohne Kenntnis und ohne Zustimmung der Betroffenen verkaufen.

Avatar

Ein Avatar ist eine Software-Anwendung oder -Applikation (App), die für uns zusammenhängende und logisch oder kommerziell wertvolle Aufgaben übernimmt. So ist ein Programm, das uns für eine Geschäftsreise völlig selbsttätig einen Flug, ein Hotel, Bahnkarten und sofern sinnvoll einen Pkw bucht, alles so wie wir es komfortabel empfinden, ein Avatar. Ich sehe mir beispielsweise auf jeder Reise gerne eine Kunstausstellung moderner Kunst an, möglichst mit günstigen Kaufgelegenheiten im Museumsshop. Und ich hasse zeitlich knappe Anschlüsse bei der Bahn, weil die sowieso nie funktionieren. Das muss der Avatar beachten. Gerne treffe ich mich abends mit in der Nähe wohnenden Freunden (Kontakte-Ordner). Der Avatar sollte natürlich diese Buchungen im Einklang mit der Reise-Regelung unserer Firma vornehmen. Außerdem erwarten wir von ihm eine korrekte Reisekostenabrechnung, auch bei geschäftsbedingten oder anderen Abweichungen. Das sind in der Summe hohe Anforderungen.

Cloud, Big Data

Früher hatte jedes Unternehmen sein eigenes Rechenzentrum. Dort kämpften die Mitarbeiter mit der für das Unternehmen nicht produktiven Rechenzentrums-Technik und zudem mit den darauf ablaufenden, für das Unternehmen lebenswichtigen Anwendungen. Komplexere Systeme wie SAP waren oft für jedes Rechenzentrum individuelle Lösungen, mit individuellen Fehler-Umgehungen. Als es gelang, die Qualität der Software zu erhöhen und die Netzzugänge zu riesigen Dienstleistungsrechenzentren gewaltig auszubauen, lag es auf der Hand, die einzelnen kostspieligen Unternehmensrechenzentren abzubauen und die Rechenaufgaben in kostengünstigere Dienstleistungs-Rechenzentren zu verlagern. Gezahlt haben dann die Unternehmen nur noch die Leistung, die sie jeweils abgerufen haben. Sie mussten keine teuren Rechner mehr ein Jahr lang im Rechenzentrum lagern, nur weil am Jahresende eine große Rechenleistung und diese Rechner benötigt wurden. Die Leistung, die ein solches Dienstleistungsrechenzentrum anbietet, nennt man eine Cloud („Wolke"). In dieser Cloud lassen Hunderte oder Tausende von Unternehmen rechnen. Da lohnt es sich für die Dienstleistungsrechenzentren, Auswertungsprogramme für gigantische Datenmengen anzuschaffen und den Unternehmen anzubieten. Dieses Speichern und Auswerten großer Datenbestände nennt man Big Data ("große Datenmengen).

4.0, Industrie 4.0

Mit Industrie 4.0 bezeichnet man die ganzheitliche Vernetzung von Verarbeitungsprozessen der Informations- und Kommunikationstechnik über Unternehmensgrenzen hinweg. Im Einzelnen verwenden viele Unternehmen solche Lösungen seit vielen Jahren (z.B. Lieferung von Autositzen an Autohersteller just-in-time). Diese Prozesse müssen im Zeitalter der Roboter jedoch immer komfortabler und automatischer werden. Ziel ist eine Produktion, die besonders flexibel erweitert, verändert und heruntergefahren werden kann, damit die Massenproduktion durch eine weitergehende Individualproduktion abgelöst werden kann. Die Mitarbeiter fügen auf großen Bildschirmen neue Maschinen in die Produktionsprozesse ein, kontrollieren die Produktion und überwachen die Dokumentation der Produktion. Das Anbringen von Klebstoffen auf die Teile einer Pkw-Karosserie wird exakt gesteuert und in der Cloud dokumentiert. Minimale Verwendung von Material und maximale Qualität bei jeder einzelnen Aktivität sind das Ziel. Wird beispielsweise ein neuer Klebstoff entwickelt, kann der in die Produktionslinie integriert werden.

Informationstechnisch gesehen ist Industrie 4.0 eine reine Selbstverständlichkeit. Unternehmer dürfen den Trend nicht verspätet aufnehmen, sonst riskieren sie ihr Unternehmen. Belegschaften und Gewerkschaften befürchten allerdings, dass Industrie 4.0 zusammen mit den hier erklärten vier Leuchttürmen der Digitalisierung ein Jobkiller wird. Sie haben es in der Hand, ob dies so wird. Wenn wir die Zukunft ergreifen und gestalten, wird es in Vollbeschäftigung münden.

Die Zahl 4.0 wird inzwischen an alles angehängt. Kirche 4.0, Verwaltung 4.0, Lebensgefühl 4.0 und vieles mehr fand Eingang in Titel von Reden und Aufsätzen. Meistens steckt nicht viel Inhalt dazwischen, denn die Entwicklung dieser Themen ging eben nicht wie die Entwicklung des Internet über die Versionen 2.0, 3.0 und jetzt zu 4.0. Beim Internet können wir zu jeder Versionsnummer einen Technik- und Diskussionsstand zuordnen. Bei Verwaltung 4.0 und Kirche 4.0 fehlt das zumindest in Deutschland völlig. Verwaltung und Kirche stecken bei der notwendigen Transparenz (E-Government, Offener Haushalt, qualitativ hochwertige Angebote für die Nutzer, usw.) noch in den Anfängen des Internets.

Wir haben Träume realisiert

Pausenlos haben fast alle, so wie die beiden wohl berühmtesten Garagenbastler Bill Gates (Gründer von Microsoft, geb. 1955) und Steve Jobs (Gründer von Apple, 1955-2011), im IT-Business[7] an ihrem Traum gearbeitet. In Garagenfirmen entwickelte man rudimentäre Programme wie DOS[8], nachts in Rechenzentren wurden dicke Programme aus Lochkartenstapel ausgetestet, Techniker maßen Tag und Nacht zur Qualitätssicherung elektronische Schaltungen durch und löteten neue Schaltungen zur Fehlerbehebung ein, so dass etwa der mit 48 Bit langen Registern versehene Großrechner TR 440[9], in den 1970er Jahren entwickelt in Konstanz bei Telefunken Computer, bei seiner Auslieferung fast nur aus individuellen Maschinen bestand. Natürlich wäre mit ein wenig Muße alles schneller und besser gelungen. Aber so sind offenbar diese Macher-Typen. Lieber soll schnell eine 40%-Lösung raus als etwas später eine 60%-Lösung.

Dass Menschen euphorisch riesige Anstrengungen unternehmen und dann erkennen, dass doch das eine oder andere hätte besser laufen müssen, ist nichts Ungewöhnliches. Beispielsweise haben die deutschen Städte nach dem Krieg klotzige Betonbauten in die Lücken gestellt. Dabei waren die Bürgermeister und Gemeinderäte sogar stolz darauf, dass der Sichtbeton deutlich sichtbar blieb. Nicht lange dauerte es bis die meisten Bürger diese Gebäude als Schandfleck ansahen. Prompt wurden sie abgerissen oder umgebaut. Oder ein anderes Beispiel: Verkehrsminister Leber meinte, kein Ort in Deutschland solle mehr als 30 km von einer Autobahnauffahrt entfernt liegen. Seit Jahrzehnten kann jeder hellwache Zeitgenosse sehen, dass der Individualverkehr durch alternative Verkehrslösungen ergänzt und teilweise ersetzt werden muss.

Kein Wunder, dass bei etwas so Komplexem und so Verführerischem wie der Computertechnik der Eifer wie überall so auch in Deutschland zu riesigen neuen Lösungen führte.

Jugendträume erfüllen sich

Als ich vierzehn war, träumten alle von der Zukunft. Roboter arbeiten dann, stellten wir uns vor, und wir genießen nur noch unsere Freizeit. Das waren unsere Hoffnungen. Vieles ist so gekommen. Mit Vierzehn war der Samstag Arbeitstag, wir mussten unser Geschirr von Hand abwaschen. Den Fernseher hatten wir erst zwei Jahre. Seine Schwarz-weiß-Filme kamen bröselig an. Um elf abends hörte das Programm auf. Urlaub gab es nur wenige Tage im Jahr. Mein Gymnasium und mein Studium finanzierte ich ab sechzehn als Ferienarbeiter bei der Post, zu der damals die Telefonie und die Postbank gehörten. Viel Trinkgeld und zudem sog. Ausfallgeld habe ich mit dem Bar-Auszahlen von Renten und Lottogewinnen verdient. Nicht jeder hatte ein Girokonto.

> Gute heile Welt: Der Brockhaus war 20 Jahre aktuell und diente allen Kleinkindern der Familie als Sitzerhöhung beim Mittagessen.

Bundesschatzbriefe gaben damals mehr als 12 % Zinsen. Auf einen Telefonanschluss wartete man Wochen und Monate. Die Schalterbeamten waren ungekrönte Könige und ließen das auch jeden immer deutlich spüren. Das Auto, die Elektrogeräte und die Fahrkarten kaufte man an den Monopolstellen, nahm dafür, je nachdem wo der nächste Fachhändler war, teils große Wege auf sich und

---

[7] IT steht für Informationstechnik, wobei in dieser Abkürzung auch die Netztechnik enthalten ist. Oft kürzt man auch mit ICT (Information and Communication Technology) oder auf Deutsch mit IKT ab.

[8] Bill Gates entwickelte für das Department of Defense (DoD) das anfangs sehr primitive Disk Operating System (DOS). Konzepte für sicherere und komfortablere Betriebssystem hatten Forscher schon vorgelegt und andere Firmen realisiert.

[9] Die TR 400 war der erste deutsche Großrechner von Telefunken. TR steht für Telefunken Rechner.

dachte nicht im Geringsten an Rabatte, Sparpreise oder dass es mehr als ein Produkt jeweils geben könnte. Den Beruf, den ortsansässige Unternehmen anboten, hat man gelernt. Fast niemand wusste, was es zwei Städte weiter an beruflichen Chancen gab und ob dort besser bezahlt und besser ausgebildet wurde. Dumm und ohne Chancen waren wir, aber nicht nur wir. Röntgenärzte wussten nichts von der Gefahr der Röntgenstrahlung. Ich erinnere mich, dass wir Kinder mit dem Röntgenarzt hinter dem Ganzkörper-Röntgenschirm herumhüpften und über das Spiel unserer Knochen lachten. Nichts wussten wir über Farben, Lösungsmittel, Herbizide, Lebensmittel und ihre chemischen Schadstoffe. Gestrichen wurde mit giftigen Farben und verwendet wurden Holzplatten mit Formaldehyd. Und dass just zu der Zeit in Kalgoorlie (Australien) im Bergbau jeder, der sich verdingte, das Gold tatsächlich mit bloßen Händen aus der Erde holte, wussten nicht einmal die Australier in der Hauptstadt. Uns kam das alles nie zu Ohren. Die lokale Presse hielt die Verbreitung solcher globalen Informationen für unnötig. Was immer uns aus dieser Ahnungslosigkeit herausbrachte, sogen wir intensiv auf. Denn wir alle bn c fühlten, dass es irgendwie und irgendwo mehr geben musste.

Schon Aristoteles träumte von Werkzeugen, die ohne Geheiß ihr Werkverrichten. Der große Philosoph erwartete, dann es dann keinen Gehilfen und keinen Sklaven mehr gäbe. Doch es kam anders. Martin Luther (1483-1546) vertrat so vehement die Vorstellung, ein Leben ohne Arbeit sei nicht gottgefällig, also sinnlos, dass selbst die Katholiken und die Angehörigen anderer Religionen heute wahre Schaffer geworden sind. Gier und Neid der Menschen haben die Sucht, andere zu unterdrücken und auszubeuten, trotz eines immensen Reichtums auf der heutigen Welt, nicht abschaffen können. Burn-out und Schlaflosigkeit nehmen von Jahr zu Jahr zu. Obwohl wir eine führende und reiche Industrienation sind, fürchten wir, global zu verlieren. Ist das nicht eine verkehrte Welt? Welche weltanschaulichen Konsequenzen wir in der Informations- und Wissensgesellschaft ziehen? Wir kommen noch darauf.

Information und Macht an den Fingerspitzen

Als in Gundremmingen ein Kernkraftwerk gebaut wurde, sind wir in großen Gruppen mit dem Fahrrad zu der Baustelle gepilgert, ja gepilgert mit andächtigem Schauer, und waren sicher, dass es jetzt mehr Strom, mehr Arbeitsplätze und Berufsschulen und Universitäten geben würde. Auch hier wurden wir in den ersten Jahren nicht enttäuscht. Die Universitäten kamen und mit ihnen nach und nach das Verbundnetz der süddeutschen Hochschulen. Dann kamen das schnelle Internet und das Hochschulnetz, an das alle Universitäten und Fachhochschulen angeschlossen wurden. Beispielsweise konnte ein Medizinprofessor in Karlsruhe

> Computer lösten Tippex-Schlamassel und verschmierte Matrizen-Kopien ab.

darüber in Echtzeit eine Operation in Ulm am Videoschirm verfolgen und mit Ratschlägen helfen. Bücher konnten und können wir heute noch aus allen Bibliotheken des Bibliotheksverbunds auswählen und bestellen. Unsere Aufsätze, Diplom- und Doktorarbeiten konnten wir einwandfrei gedruckt abliefern, statt wie vorher getippt, übel kopiert und mit Tippex-Korrekturen verunstaltet. Doch nach und nach wurde uns beklemmend klar, dass die Atomkraft auch ihre Schrecken hat. Die Informationsgesellschaft ebenso. Üble Verleumdungen, Falschnachrichten und die Gier nach mehr Klicks ließen uns alle moralischen Schranken vergessen. Sogar wer auf der Brücke stand, unentschieden zum Selbstmord, wird heute von der Menge noch aufgefordert zu springen, damit man das filmen kann.

Den Luxus, über sich und seine Lage zu reflektieren, leistete man sich schon in den 80er Jahren. Wie so oft in der Geschichte waren es Studenten, die nicht immer wussten, wie sie Zwielichtiges aussondern

> 68er: Technik ist doch nicht alles.

dern können. In Süddeutschland haben davor die 68er Unruhen bei den Geisteswissenschaftlern viel und bei den technisch orientierten Ausbildungsstätten wenig Aufsehen erregt. Ich erinnere mich an eine Mathe-Vorlesung, in der ein Student dem Professor sagte, man würde heute streiken. Daraufhin standen einige Studenten auf und sagten, man wolle überhaupt nicht streiken, sondern die Vorlesung wie geplant hören. Darauf fuhr der Professor ohne ein Wort dazu zu verlieren dort fort, wo er zuvor aufgehört hatte, und es gab keinen Streik. Selbst der Student, der den Streik gefordert hatte, schrieb eifrig mit und schien mit der Lösung ganz zufrieden. Germanistik, Politologie, Psychologie hatten lebhaftere Streiks, endlose Debatten und hitzige Diskussionen.

Die 19 Uhr und die 20 Uhr Nachrichten der öffentlich-rechtlichen Rundfunkanstalten ZDF und ARD versammelten einen Großteil der Nation. Studentische Aktionen wie am 9. November 1967, als ein Transparent mit „Unter den Talaren - Muff von 1000 Jahren" beim traditionellen Einzug der ehrwürdigen Professorenschaft gezeigt wurde, waren die einzige Möglichkeit, neue Gedanken einzubringen oder auch mal zu provozieren. Was die Rundfunkanstalten aus politischen oder anderen Gründen nicht sendeten, blieb weitgehend unbekannt. Der SPIEGEL konnte montags ja nicht alles aufdecken.

Ganz anders geht es heute zu. Die Medien favorisieren aufrührende, aufweckende und gegen den allgemeinen Konsens gerichtete Nachrichten, weil sie die Auflage erhöhen oder die Internet-Surfer zu einem Klick veranlassen. Die Medien kämpfen, teils verzweifelt, ums Überleben. Microsoft bietet im Browser Nachrichten, T-Online und Web.de ebenfalls auf ihrem Portal. Blogs von vielerlei politischen Haltungen sind bekannt und werden gerne gelesen. n-tv hat ARD und ZDF erfolgreich Konkurrenz gemacht. Wer wissen will, was das Ausland denkt, wählt BBC oder La Tribune. Alle Apps dieser Anbieter senden die neuesten Nachrichten direkt auf das Handy. Die Qualität der Nachrichten ist oft besser als das, was ARD und ZDF bieten. Da die beiden Sendeanstalten täglich auf fast allen Kanälen nur noch Tatort, Krimis oder sonst irreale Sendungen verbreiten, fragen sich viele zurecht, ob dafür wirklich jeder Haushalt Rundfunkgebühren zahlen sollte. Und selbst wenn man sich hier zu einem „ja" durchringen könnte, stellt sich die Frage nach der Höhe der Beiträge.

Die Informationsgesellschaft setzt noch eins drauf. Nicht nur die Informationen sind aktuell, differenziert aus vielen Ecken der Welt und leicht zu abonnieren. Auch die Macht, sich an gesellschaftlichen und politischen Auseinandersetzungen zu beteiligen, hat sich seit den 60er-Jahren enorm vervielfacht. Selbst wer keinen großen Ehrgeiz hat, seine Meinung zu verbreiten, kann bei Facebook und den anderen sozialen Netzwerken jederzeit alle seine Freunde ansprechen. Mit „Teilen" kann er das, was seine Freunde seiner Meinung nach zurecht sagen, mit einem Mausklick weitergeben. Ganz anders als in der persönlichen Diskussion, in der man eventuell abgestempelt wird, nehmen die Facebook-Freunde eine einmal etwas daneben gegangene Meinungsäußerung nicht krumm. Die Toleranz ist größer und gegen Bizarres hilft auch Humor, die Augen zu öffnen.

Schon den neuen Buchdruck von Gutenberg haben seine Zeitgenossen nicht nur für objektive Informationsvermittlung genutzt. Gestichelt, manipuliert und intrigiert wurde auch damals. Martin Luther (1483-1546) war offenbar einer derjenigen, der das Potential des Buchdrucks sofort erkannte und intensiv nutzte. Klagen über eine missbräuchliche und einseitige Nutzung von Facebook sind berechtigt. Allerdings ist das Phänomen nicht neu. Neu ist auch nicht, dass diese Informationen in das Internet im geschützten häuslichen Umfeld formuliert werden. Das war auch bei den gedruckten Flugblättern so. Das häusliche Umfeld begünstigt sicher unbedachte Äußerungen. Neu ist heute, dass auch Kinder und Jugendliche, so wie früher nur Erwachsene, ihre Meinung spontan und oft auch unbedacht verbreiten.

Das Leben ist schneller geworden. Wir verkraften das. Die Video-Clips der Gegenwart sind erheblich kompakter, rasanter und intensiver als noch vor zwanzig oder dreißig Jahren. Was wir heute arbeiten können ist bedeutend mehr, als alles, was wir früher machten. Der Vermieter kann dem Mieter rasch eine Mail senden. Sind die Straßenlampen um 11 Uhr morgens immer noch an, schickt man eine Mail an die Stadtwerke. Natürlich kann man auch von überall her dort anrufen. Den Groschen für die Telefonzelle braucht man nicht mehr. Mülltonnen bestellt man analog, ebenso die Briefwahlunterlagen.

Technischer Wandel wird schließlich institutionell begleitet

Technikfolgenabschätzung, der Aufbau von Datenschutzbehörden und gewerkschaftliches Engagement, um industrielle Modernisierungen zu steuern, wurden schließlich Teil der Landes- und Bundespolitik. Harte Umstrukturierungen, die viele Arbeitsplätze kosteten, ließen sich nicht vermeiden. Ein Beispiel aus meiner eigenen Berufspraxis als Systemanalytiker von Großrechnern sah so aus: Eine Firma, die sich in höchster Not an meinen damaligen Arbeitgeber S. wandte, war ein weltweiter Marktführer von Motorgeräten. Sein Problem war, dass er nicht feststellen konnte, ob die Preise für seine Fahrzeuge und Geräte Gewinn oder Verlust einbrachten. Der Computerhersteller S. hatte ihm jahrelang Computer angeboten, um eine zeitgemäße Betriebswirtschaft mit Kostenrechnung und Controlling einzuführen. Das hielten der Firmenchef und seine engsten Führungskräfte für modernen Unsinn. Erst als die Banken kein Geld mehr gaben, Gehälter absehbar nicht mehr gezahlt werden konnten und die Kunden der Firma zu Mitbewerbern gingen, wurde dem Management der Ernst der Lage bewusst. Bei dem oben erwähnten Nothilfegespräch wurde auf bedrückende Weise klar, dass die dringend benötigten betriebswirtschaftlichen Instrumente mindesten zwei Jahre Aufbau bedürfen. Uns als Mitarbeitern boten die Führungskräfte das Blaue vom Himmel an. Sie dachten ernsthaft, es läge nur daran, dass wir, die Mitarbeiter der Firma S. nicht helfen wollten. Doch selbst wenn wir eine Blaupause für eine betriebswirtschaftliche Lösung aus der Tasche hätten ziehen können, das Suchen von Rechnungen und Verträgen, das zweckmäßige Verbuchen von Ausgaben, Einnahmen, Verpflichtungen und vieles mehr hätte enorme Zeit benötigt. Ich erwähne das hier, weil der Aufbau etwa von Systemen der künstlichen Intelligenz so wie damals der Aufbau einer funktionierenden Betriebswirtschaft mit Kostenkalkulation und einem Controlling vergleichbare sachgerechte Planungen, wissenschaftlich begründete und anwendungsorientiert passende Konzepte und eine immense Fleißarbeit benötigen. Langer Atem und Herzblut der Akteure sind damals wie heute unverzichtbar. Eins ist also immer noch so: Gute IT-Lösungen benötigen Euphorie, detailliertes Wissen und ungemeine Zähigkeit in der Umsetzung Tag und Nacht. Je älter ich werde wird mir immer bewusster, dass man dazu auch konzeptionelles Denken benötigt. Das ist aber eine seltene Begabung!

> Die neue Welt war und ist nicht einfach zu zähmen. Viele überfordert diese Komplexität und sie trauern der vermeintlich guten Vergangenheit nach.

Diese Vorbereitungszeit bis zum Erreichen einer zeitgemäßen IT-basierten Buchhaltung tolerierten die Banken bei unserem Kunden nicht mehr. Tausende Mitarbeiter verloren ihre Arbeitsplätze innerhalb weniger Monate.

> Wer Trends verschläft, wird fürchterlich bestraft.

Stadt und Region waren ebenso rasch in höchster finanzieller Not und aus stolzen Facharbeitern wurden arme Almosenempfänger, denn ohne Erfahrung mit betriebswirtschaftlicher und produktionstechnischer Computertechnik waren sie auf dem Arbeitsmarkt nicht gefragt. Die Arbeiter und die öffentliche Hand mussten über Jahre die Folgen der Fehler der privaten Unternehmer auslöffeln.

Ja, wir sind in die moderne Computerwelt hineingeschlittert. Nicht deshalb, weil eine höhere Macht die Globalisierung verordnete, sondern weil wir ein besseres Leben wollten, weil wir alles was möglich ist kalkulieren wollten und weil wir

> Wir wollten egoistisch aus vielen Gründen diese neue Welt. Dunkle Mächte waren hier kaum im Spiel. Doch es war wie oft: Man wollte das Eine und achtete nicht auf die nachteiligen Nebenwirkungen.

an den Traum von den Maschinen glaubten, die unsere Arbeit machen werden. Das mit der Computernutzung war nicht so einfach, weil in den Anfangsjahren den Kunden die Computer ohne die benötigten Anwendungsprogramme verkauft wurden. Die Anwendungsprogramme wurden kundenspezifisch entwickelt. Einmal verkaufte mein Arbeitgeber, ich war im Vertrieb, der Fa. Klein, die in der Bahnhofstraße einer Großstadt residierte, einen neuen Computer. Darauf meldete sich unsere Auskunftei, die Firma sei demnächst zahlungsunfähig. Natürlich erhielt sie dann keinen Computer mehr. Das Dumme war bloß, dass unser Kunde Fa. Klein gar nicht zahlungsunfähig war. Unser Kunde wurde mit einer maroden Firma Klein, die ebenfalls in der Bahnhofstraße ansässig war, verwechselt. Das war nicht ungewöhnlich. Damals mussten Auskunfteien nämlich keine korrekten Daten weitergeben. Dass nur richtige Daten und nicht irgendwelches schlampig aufgenommenes Hören-Sagen gilt, haben erst später die Datenschutzgesetze verlangt. Unser Kunde Fa. Klein ging dann bankrott, weil sie plötzlich ohne Computer dastand. Schadenersatz gab es nicht. Hunderte Arbeitsplätze waren verloren. Klar war uns und aus vergleichbaren Fällen der deutschen Wirtschaft insgesamt dann, dass wir unseren Widerstand gegen den Datenschutz aufgeben mussten.

Nach und nach konnten wir auch sagen, wo wir uns befinden: In der Informations- und Wissensgesellschaft. Neue Berufe entstanden wie der Informatiker, der Nachrichtentechniker für Computernetze, der Datenschützer und der Datensicherheits-Ingenieur. Wie die Technik sich entwickelte und welche weltanschaulichen, mathematischen und technischen Fragen nach und nach zu bearbeiten waren, ist in Büchern über die Geschichte der Informations- und Kommunikationstechnik beschrieben. Für interessierte Fachleute und Laien, die ein breites Spektrum dieser Entwicklung nachvollziehen wollen, ist

> Computersprachen und Datenbanken erfordern tiefgehende philosophische Überlegungen (z.B. den amerikanischen Pragmatismus und die Semiotik von Charles Sanders Peirce (1839 – 1914)). Nur deshalb können wir wagen, Computer lernen zu lassen und ihnen künstliche Intelligenz zuzuweisen.

eigentlich nur ein Buch verfügbar, in dem wiederum Verweise auf die etwas häufigeren Bücher für wenige Spezialgebiete zu finden sind. Erstaunlich ist schon, dass es zu dieser im Rückblick epochal bedeutenden Entwicklung kaum Literatur gibt. Heute ist die Computernutzung nicht mehr wegzudenken. Deshalb erwirtschaftet wegen der starken Automatisierung ein einziger Mitarbeiter bei Uniper 5,2 Mio. Euro pro Jahr, bei Eon 884.904 Euro und bei BMW 754.941 Euro.[10] Man bedenke, dass heute Apple das teuerste Unternehmen der Welt ist und mit einem Unternehmenswert um die 700 Milliarden Euro ein Mehrfaches der Konzerne wie Siemens, Daimler-Benz oder Allianz wert ist.

Zwei Gründe für die fehlende Geschichtsliteratur zu dem Thema sind vorhanden, wie ich beim Schreiben meines Geschichtsbuchs „History of Computer Science"[11] schmerzlich erfahren musste: Informatiker und sonstige Techniker können einfach nicht schreiben. Und zweitens legen die Firmen großen Wert darauf, dass ihre Techniken, Produktionsverfahren und Produkte nur von ihren eigenen Mitarbeitern (lobhudelnd) beschrieben werden. Fremde Autoren erhalten praktisch keine Recht, Abbildungen in ihre Werke aufzunehmen oder interessante Zitate zu veröffentlichen. Ich habe in meinem Geschichtsbuch deshalb die wissenschaftlich-philosophische Basis der Entwicklung anhand von Fachliteratur und den jahrelang gesammelten Produktveröffentlichungen der Hersteller beschrieben. Das wurde dadurch ein ganz interessantes breit denkendes Werk.

Wieso philosophisch? Historisch gesehen haben sich Philosophen wie Gottfried Wilhelm Leibniz (1646 – 1716) und andere für Algorithmen und Rechenmaschinen interessiert. Es ging darum zu erkennen, wozu der menschliche Geist fähig ist. Sie wollten auch wissen, ob Gott das Leben der Menschen ausrechnet, ob die Natur Algorithmen, also schematische und immer wieder gleich ablaufende

---

[10] Handelsblatt 21./22./23. Juli 2017, Seiten 32-33
[11] Georg E. Schäfer, History of Computer Science, BoD-Verlag

Prozesse enthält, die uns Menschen aufgezwungen werden. Im 20. Jahrhundert erkannten Philosophen, dass man mit Computern nur rechnen kann, wenn man den Binärzahlen einen Inhalt zuordnet. Datensätze wie

("Steuerbürger Hans Maier", "geb. am 12.07.1892", "Einkommen nach allen Abzügen 12.376 Dollar")

musste irgendwie codiert werden. Dazu waren Regeln (oder wie Mathematiker sagen: Abbildungen) notwendig. Wenn sich zwei Mengen direkt aufeinander abbilden lassen, so dass jedes Element ein anderes zugeordnet erhält und wenn alle Rechenregeln in den beiden Mengen ebenfalls eineindeutig abgebildet werden können, dann nennen Logiker diese beiden Mengen identisch. Das ist etwa bei Übersetzungen von einer Sprache in eine andere der Fall. In jeder Sprache kann man deshalb einen Inhalt ausdrücken. Wenn die Abbildung bei den Sätzen von der Sprache A in die Sprache B richtig ist, dann hat man den richtigen Inhalt von einer Sprache in die andere übertragen. Solche Überlegungen, in sehr formalisierter Form, benötigt man auch, wenn eine Computersprache automatisiert in eine andere übersetzt wird oder wenn bei einer Datenübermittlung aus einer Cloud die Daten aus einer Datenbank A in die Datenbank B eines anderen Rechenzentrums übertragen werden. Schließlich spielt noch die Wesentlichste aller Fragen eine Rolle: Können Menschen hier alles richtig machen? Nein, sagte der am 28. April 1906 in Österreich geborene Mathematiker Kurt Gödel schon als junger Wissenschaftler in einer Arbeit von 1931 über die sog. Unvollständigkeitssätze. Wir können nur bei sehr einfachen Dingen alles richtig machen. Theologen mögen sagen, wir sind Sünder (na ja, da können wir wohl nichts dafür) und können dies letztlich nicht ändern. Informatiker sagen: Fehler kann man nur durch Testen erkennen. Fehlerfreie Computer kann es nicht geben. Schon deshalb müssen wir unsere Software immer wieder updaten.

Die Angst vor „Allem" ist dahin

Der letzte entscheidende Schritt in die Wissensgesellschaft hat mit Mut zu tun. Nie zuvor wagte jemand, in globalem Maße Ziele zu setzen. Lawrence „Larry" Edward Page und Sergey Brin hatten ausgehend von ihren Studien an der Stanford University den Mut,

> Der Mut, „alles" aus einem Lebensbereich anzubieten, hat unsere Wissensgesellschaft geprägt.

eine Suchmaschine (Google) zu konzipieren und stufenweise zu entwickeln, die **alle Informationen auf allen Servern** des Internets finden sollte. Microsoft hatte den Mut anzukündigen, dass Windows etwa ab Beginn des Milleniums **alle neu auf den Markt kommenden Geräte** sofort erkennen und betreiben wird. Die Hersteller elektronischer Landkarten etwa für Google Maps oder unsere Navigationssysteme hatten den Mut zu sagen, dass sie **weltweit alle Straßen, Kreuzungen, Hausnummern** erfassen und nutzbar bereitstellen werden. Und dieses „Alles" wird ständig aktuell gehalten!

Mut und Einsatz beweisen auch diejenigen, die gemeinsam ein riesiges Projekt angehen. Open Street Map ist möglich, weil weltweit viele Computernutzer beim Aufbau einer umfassenden elektronischen Landkarte mitarbeiten. Crowd Funding ist möglich, weil viele gemeinsam Geld verleihen. Wikipedia lebt von den vielen, die global gemeinsam zusammenarbeiten, um Wissen zu strukturieren und bereitzustellen. Open Source Software lebt, weil eine immense Zahl hochqualifizierter Programmierer und Wissenschaftler gemeinsam die komplexe

> Der Mut, die Besten zu bitten, kostenlos an Projekten zu arbeiten, liefert historisch beispiellose gute Taten.

Software kostenlos bereitstellen, für die wir bei Microsoft, IBM, HP usw. Millionenbeträge ausgeben müssten.

Zuletzt aber besonders wichtig: Wir haben mit den Computern unser Gerechtigkeitssystem ins Wahnsinnige gesteigert. Wer weiß, wie viele unnötige Daten anfallen in der Steuer, bei Arbeitgebern in immer feineren Abrechnungssystemen, in der Sozialhilfe, in Unterstützungsprogrammen wie dem Bundesausbildungsförderungsgesetz wird diese drastische Wortwahl begrüßen. Nicht nur einmal habe ich als Leiter der Software-Entwicklung von Personal- und Abrechnungssystemen erlebt, dass Gesetzes- und Parlamentsbeschlüsse zur noch feineren Differenzierung sich gegenseitig aufgehoben haben oder in keinem einzigen Fall eintreten konnten. Wer die vielen Beschlüsse und Regelungen programmiert, merkt dies als Einziger.

Unsere Angst vor riesigen Projekten ist verflogen. Das rechtfertigt aber nicht, gigantische Bürokratien aufzubauen. Menschen müssen sich in einer kleinen und überschaubaren Welt wohlfühlen. Verlieren sie diese, empfinden sie sich als Verlierer. In einer Demokratie zeigen sich die Folgen bei den Wahlen. Plötzlich haben auch die Wähler keine Angst mehr vor „allem", dem Brexit, den populistischen Wählern in vielen Ländern und einem unglaublich radikalen Umbau der Parteienlandschaft in Frankreich.

> Vorsicht: Unser Streben nach immer größerer Gerechtigkeit hat zu überbordender Bürokratie, großen Kontrolldaten-Sammlungen und letztlich zu Ungerechtigkeit geführt. Weniger ist mehr!

Tina: There is no alternative! Wir müssen über unsere Lebensweise, unsere Denkmuster, unsere Kultur und Selbstverständlichkeiten und den Weg, den wir gehen wollen, verständlich und nachvollziehbar für möglichst viele nachdenken. Politische Spiegelfechtereien über Gerechtigkeit, Obergrenzen und Bremsen für die Mietsteigerungen, Managergehälter und vieles mehr können uns keine Orientierung geben.

Leuchtturm 1: Super- und Quantencomputer

Früher fragten sich Philosophen: Rechnet Gott? Oder würfelt er? Heute fragen wir: Sind wir Gott gleich und können über unsere bescheidene Welt mit unseren Supercomputern hinaus rechnen? Wir kennen immerhin mehr Zahlen als Gott Atome geschaffen hat! Wir schaffen aus atomaren Effekten, die Gott sicher nicht zum Rechnen und computerisierten Denken geschaffen hat, Werkzeuge, die uns selbst in den Schatten stellen. Sind wir Lebewesen, die quasi auf einer Ebene im zweidimensionalen Raum leben aber uns dennoch mit unseren Computern ein Bild von der

> Klassische Computer arbeiten wie unser Notebook mit der klassischen Logik. Eine enorme Zahl solcher zusammengeschlossener Computer bilden einen Supercomputer. Aber: Arbeitet ein Computer nach den Gesetzen der Quantenphysik, ist er ein Quantencomputer.

drei-, vier- und n-dimensionalen Welt machen? Gehen unsere Zeiten als Herrscher der Welt zu Ende? Einerseits deshalb, weil Roboter, die mit der Rechenleistung eines Supercomputers versehen sind, uns die Herrschaft aus den Händen reißen. Das Beispiel dazu sind Fake News in Twitter und Facebook, die uns hilf- und orientierungslos machen. Andererseits weil unsere Geldgier die Umwelt der Erde verkommen lässt und Gott unsere Hybris[12] tragisch enden lässt. Egal wo die Gefahr herkommt, wir haben hier Probleme zu lösen.

Solche Gedanken schufen die Grundlage für Philosophen wie Leibniz, sich mit rechnenden Maschinen zu beschäftigen. Später kamen andere Motive auf, als man schon absehen konnte, wie Maschinen Daten erfassen, auf Pappdeckelchen oder Papiersteifen speichern und dann umordnen konnten. Die amerikanische Volkszählung 1925 führte dazu, neue Maschinen zu entwickeln. Herman Hollerith entwickelte eine Lochkartentechnik und zusammen mit vielen weiteren Ingenieuren einen ganzen Maschinenpark, um die Volkszählungsdaten rasch aufzubereiten. 1933 haben die Nazis in Deutschland daraus fortentwickelte Techniken eingesetzt. Dabei kamen sie an Daten, die es erlaubten, ihre politischen Ziele krasser zu formulieren und an eine Umsetzung zu denken. Wo Juden waren, sie aufzufinden und ihre Daten zu verwalten wurde plötzlich eine einfach umsetzbare Aktion.

Von Neumann - Architektur

Heute wie vor 100 Jahren war die große Frage: Wie baue ich einen Computer? Gottfried Wilhelm Leibniz (1646 – 1716) hatte bereits viel vorgearbeitet und etwa die Binärzahlen als Grundlage für Rechenmaschinen erkannt. Jetzt ging es darum, die vielen praktischen technischen und elektronisch/elektronischen Probleme zu lösen. Kaum zu glauben, aber im Nachhinein war es ein einfacher Gedanke mit der sog. John von Neumann - Architektur der Computertechnik. John von Neumann sagte sich – hier vereinfachend aber nicht falsch beschrieben[13] – Folgendes:

- Wenn die Recheneinheit im (mechanischen und elektronischen) Computer immer nur so Schritt für Schritt vorankommt, dann müssen wir das als Grundlage nehmen.

---

[12] Hybris ist ein Begriff aus der griechischen Philosophie. Er beschreibt wie der Mensch sich überschätzt und dadurch scheitert.

[13] Für Details wird auf die History of Computer Science von Georg E. Schäfer, 2013 im BoD-Verlag erschienen, verwiesen.

- Im elektronischen Computer sind die Programme in einem elektronischen Speicher (z.B. Magnetkerne). Wo sollen jetzt die Daten herkommen, mit denen diese Programme umgehen sollen? Na ja, halt auch vom Speicher. Also: Programme und Daten kommen in den Speicher.
- Und wie kommen die Daten in den Speicher?
    - Erstens, indem der Programmierer sie in die Programme reinschreibt. Das macht er etwa in Zählschleifen, mit denen man beispielsweise die Steuer-Millionäre im Finanzamt zählt: Zahl_Millionäre = Zahl_Millionäre + 1. Zahl_Millionäre ist ein Speicherplatz und dieser Computerbefehl addiert auf die jeweils dort gespeicherte Zahl eine „1", sobald er einen neuen Millionär gefunden hat, und speichert das Ergebnis auf diesem Speicherplatz gleich wieder ab.
    - Zweitens, indem die Daten von einem Magnetband, einer Lochkarte, einem USB-Stick in den Speicher kopiert werden über Verbindungskabel. Diese Verbindungskabel nennt man Bus und seit die Lichtgeschwindigkeit etwas ist, was Computer langsam macht, ist die Bus-Technik im Computer eine hochinteressante Wissenschaft.

Und so sieht ein von Neumann-Computer vom Prinzip her aus:

Verbindungskabel (Bus genannt)

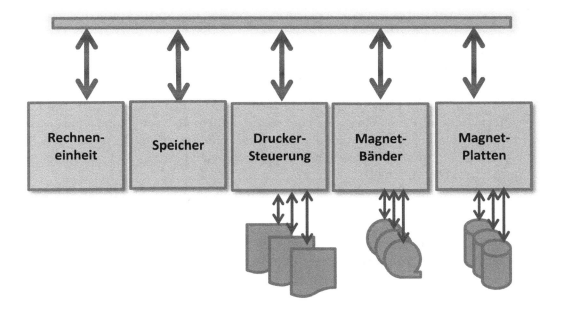

Die Elektronik hat nahegelegt, alles was im Speicher ist, also die Programme und die Daten, als eine Folge von Nullen und Einsen darzustellen. Diese Binärzahlen sind im Computer und den daran angeschlossenen Geräten (Peripheriegeräte) als Bits über Transistoren, Magnete, magnetisierte Oberflächen bei Magnetplatten oder mit Lasern beschriebene Aluminiumspuren mit Vertiefungen und Erhöhungen bei DVDs realisiert. In jedem Fall ist ein Bit bei der traditionellen Computertechnik immer durch mehrere und meist sehr viele Atome realisiert und es nimmt nur zwei Werte an, 0 oder 1. Ganz anders ist das, wie später beschrieben wird, bei den Quantencomputern. Dort kann ein Qubit ein Ion oder nur ein Positron mit seinen Spin-Varianten sein.

Bei der von-Neumann-Architektur kann der Computer mit den Bits, die die Zahlenwerte 0 und 1 annehmen können, sowohl rechnen als auch logisch denken:

- Beim Rechnen werden die Dezimalzahlen in die Binärzahlen 0 und 1 umgerechnet. Die dezimal-Zwei ist dann „10" und die Dezimal-Zehn ist dann „110" in Binärzahlschreibweise. Bei den 16-Bit-Computer haben die Informatiker schnell zusätzlich das 16er-Zahlsystem dazu genommen. Ein Kinderspiel, wenn man es mal verstanden hat. Dazu die Information, dass im vorchristlichen Ägypten auf der Basis von 60 gerechnet wurde. In dem System ist „11" dann die Dezimal-Einundsechzig. Hirten, Kaufleute usw. sollen damals in der Lage gewesen sein, Mengen bis 60 (also zum Beispiel die Zahl der Tiere auf der Weide oder die Zahl der Säcke am Kai) „mit einem Blick" zu zählen. Wer viel mit Zahlen zu tun hat, wird dies als plausibel ansehen.
- Beim logischen Denken nutzt der Computer mit den Binärzahlen die Wahrheitswerte der klassischen Logik ohne die Prädikatenlogik. Damit kann man die üblichen logischen Verknüpfungen „und", „oder" und „daraus folgt" einfach wie folgt beschreiben. Die Binär-Null liest man als „falsch" und die Binär-Eins liest man als „wahr".

Wahrheitswert der Aussage a	Wahrheitswert der Aussage b	Wahrheitswert der Aussage „a und b"	Wahrheitswert der Aussage „a oder b"	Wahrheitswert der Aussage „aus a folgt b"
1	1	1	1	1
1	0	0	1	0
0	1	0	1	1
0	0	0	0	1

Diese Tabellen sind die Grundlage aller Programmiersprachen der klassischen Computertechnik. Sie sehen ganz anders aus bei Quantencomputern. Dort hat ein Bit nämlich nicht nur zwei Zustände, also 0 und 1, sondern – nur in bestimmten Situationen! - drei. Bei den Künstlichen Neuronalen Netzen kann man, wie im Kapitel dort gezeigt wird, diese Wahrheitstabellen der klassischen Logik und Computertechnik nachbilden. Allerdings ist das nicht ganz so einfach. Generell kann man sagen, dass die modernere Computertechnik noch viel mehr Mathematik-Kenntnisse verlangt als die klassische Computertechnik sie voraussetzt. Das soll uns nicht irritieren, denn die Sachverhalte sind nachfolgend sehr einfach, verständlich und dennoch korrekt beschrieben.

Die an sich einfache Idee von John von Neumann hat natürlich nur derjenige haben können, der sich mit der Materie in allen Tiefen beschäftigt hat und der wohl auch Genie genannt werden darf. Bis heute ist Niemand für die breite Praxis etwas Besseres eingefallen. Man hat diese von Neumann-Computer tausendfach verbessert, ein Betriebssystem zur Vereinfachung gleich im Speicher (der inzwischen gigantisch groß sein kann) abgelegt, neue Programmiersprachen entworfen (2017 ist Python die meistgenutzte Programmiersprache[14]) und man hat im Internet Milliarden und in den Firmen- und Behördennetzen jeweils zig-Tausend dieser einfachen Rechner vernetzt, als verteilte aber kooperierende Computer zusammengeschaltet (z.B. viele Computer, die sog. Clients, für die Computernutzer und einen starken Computer, den sog. Server, für die zentrale Datenbank) oder man hat sie zu Supercomputern zusammengeschaltet (inzwischen Exascale-Computer), die trotz allem noch zu langsam sind.

Aufwendig ist vor allem das Programmieren. Man muss diesen dummen Maschinen ja wirklich alles vorgeben:
- Rechnerkerne von Computern (sog. CPU[15]) arbeiten strikt linear. Es gibt kein Denken, Assoziieren von Gedanken oder ähnliches, sondern nur die sequentielle Abarbeitung des Programmcodes.

---

[14] TechNews ACM Juli 2017
[15] CPU steht für Central Processing Unit, Rechnerkern

- Die Logik der Recheneinheiten ist ebenfalls sehr einfach. Eine Recheneinheit kann neben ein wenig Zeichenketten hin- und herschieben nur das Rechnen mit den digitalen Ziffern 0 und 1. Sie kann die primitiven logischen Operationen „und", „oder" und „nicht". Die Prädikatenlogik mit „es gibt ein x, so dass x ...." und „für alle x gilt, so dass x ...." kann die CPU in der Regel nicht in einem Befehl sondern nur in mehreren Programmierbefehlen leisten.
- Ähnlich ist es bei den Datenstrukturen.[16] Die Rechnerkerne können nur auf direkt adressierbare Bereiche im Speicher zugreifen. Will man diese Bereiche verketten (sog. Listen) oder indexieren (Index-Dateien), dann ist meistens ein kleines Programm dafür nötig. CPUs, die mehrere relationale Datenbanken in der Sprache dieser Datenbanken behandeln können, wurden eine Zeitlang hergestellt. Sie konnten leistungs- und kostenmäßig mit den frei programmierbaren von Neumann – Rechnern jedoch nicht mithalten. Deshalb spielt diese Technik heute keine große Rolle mehr. So geht es seither auch weiter: Objektorientierte Datenbanken (z.B. Oracle) sind auch frei programmiert und heute riesige Programmpakete. Analoges gilt für die Anwendungssysteme etwa von SAP und Navision.
- Schlussfolgern und Assoziieren erfordert eine Parallelarbeit, wie in unserem Hirn. Sie erfordern Muße (Warten auf den Geistesblitz), Unzufriedenheit mit einem Ergebnis und auch Zufall. Zufall ist mit einem von Neumann – Computer nicht einfach zu programmieren. Man kann über Algorithmen so tun, als würde man würfeln. Man tut es trotzdem nicht. Man kann auf externe Signale setzen (etwa Spannungsstörungen bei der Stromversorgung) und daraus Wahrscheinlichkeiten simulieren. Alles ist aber fraglich, weil schon fraglich ist, inwieweit es eine mathematisch reine Wahrscheinlichkeit überhaupt im jeweiligen Anwendungsbereich gibt.

Von außen sehen die Programmsysteme unglaublich schlau aus, wenn etwa Google Maps in unseren Kontakte-Ordner auf dem Handy schaut und unsere darin registrierten Bekannten auf seiner elektronischen Landkarte anzeigt. Das hat mit Intelligenz gar nichts zu tun. Da läuft ein an sich dummes Programm ab, das die Daten aus unserem Kontakte-Ordner liest, sie nach USA überträgt, dort in die Google-Maps –

> Die „Einstellungen" im Smartphone/Handy muss man ernst nehmen. So wenig wie möglich sollte man zulassen. Am Besten mit Anderen darüber reden. Keiner weiß alles!

Karte richtig einträgt und sie dann wieder an unser Handy zum Anschauen liefert. Analog kann ein an sich dummes Programm die Bilder aus unserer Bildergalerie lesen, schauen wo sie aufgenommen worden sind (die Standorterkennung, falls sie eingeschaltet war, schreibt die Koordinaten zum Bild dazu) und wie bei den Kontakten werden sie nach USA übertragen, dort vielfach dauerhaft gespeichert, und auf unsere Maps-Karte im Handy angezeigt. Je nachdem, wie wir unser Handy eingeschaltet haben, sind unsere Bilder dann künftig überall und von jedem auf der Karte sichtbar. Wen wir das nicht wollen, müssen wir die Standortbestimmung ausschalten, außer wir wollen das Smartphone als Navigationssystem nutzen, und wir müssen im Kontakte-Ordner „Geheimbezeichnungen für die Orte" verwenden. Wenn wir beispielsweise sowieso wissen, wo unser bester Freund wohnt, muss er ja nicht im Kontakte-Ordner mit allen Daten gespeichert werden. Unseren neuen Bekannten aus Essen können wir auch mit dem Ort „En" ablegen, ohne Postleitzahl. Solche Tricks nennt man Steganografie, eine uralte Technik die noch niemand geknackt hat. Verschlüsselungen wurden schon oft geknackt. Unser Fazit hier: Computerprogramme sind in der Regel sehr einfach, richtiggehend dumm, werden aber vom normalen Benutzer überschätzt.

---

[16] Nach wie vor ist es ein Genuss zu lesen, wie Donald Knuth in den 60er-Jahren den Stand unserer Fähigkeiten in „The Art of Computer Programming" beschrieben hat. Wer hinter die heute perfekt versiegelte Computeroberfläche schauen will, ist damit gut bedient.

In der Anfangszeit der Computerindustrie haben die Hersteller ihre Prozessoren selbst entwickelt. So verwendeten beispielsweise Data General, IBM, Honeywell, Telefunken Computer, Siemens, Nixdorf Computer und Digital Equipment ganz unterschiedliche Chip-Strukturen und Befehlssätze für die Chips. Bei den führenden Herstellern wie Honeywell Bull und IBM wurden sogar innerhalb der Firma Chips mit ganz unterschiedlichen Chip-Technologien für die Zentraleinheiten und für den Hauptspeicher verwendet. Das hat sich im Laufe der Konsolidierung der Computerherstellung zwischen 1980 und 2000 im Sinne einer Standardisierung verändert. Kommerzielle Großrechner nutzten überwiegend die Befehlssätze der IBM-Großrechner. Das führte allerdings nicht zu weniger Wettbewerb. Die Produktionstechniken waren ganz unterschiedlich. Der eine Hersteller sah eine Wasserkühlung vor, andere kühlten mit Luft. Siemens verkaufte luftgekühlte Großrechner mit IBM-Architektur, die Fujitsu in Japan produzierte. Amdahl entwickelte mit wenig Mitarbeitern in Konkurrenz zu IBM-Entwicklungsteams mit mehr als tausend Mitarbeitern IBM-kompatible Großrechner, die ebenfalls mit Luft gekühlt und erheblich kostengünstiger als IBM-Rechner waren. Wieviel kostengünstiger ist schwer zu sagen, denn die Listenpreise besagten wenig, weil der Kunde regelmäßig Programmierleistung für Anwendungssysteme mehr oder weniger kostengünstig dazu geliefert bekam.

Heute, 2017, heißen die großen Prozessorhersteller Intel, AMD und ARM. Nvidia bietet sehr leistungsstarke Grafikprozessoren an, die in einigen Fällen den Weg in Hochleistungsrechenzentren gefunden und den Aktienkurs des Unternehmens beflügelt haben. Nvidia gehört nach einem bemerkenswert steilen Aufstieg heute zu den TOP 100 – Unternehmen der Welt.

Kurzum: Die einzelnen Prozessoren wurden immer schneller, ihre Herstellung wurde durch immer größere Stückzahlen immer günstiger. Allerdings reichte diese Geschwindigkeitssteigerung nicht aus. Wenn beispielsweise Flug- oder Bahntickets über Computer verkauft wurden, mussten viele Zentraleinheiten eingesetzt werden. Das war nicht so schwierig, denn man konnte das Buchungssystem so programmieren, dass jeder Schritt der Buchung von einem der vielen Zentralprozessoren abgearbeitet wurde. Zwischenergebnisse muss man dabei so im Hauptspeicher oder auf der Magnetplatte ablegen, dass alle anderen Prozessoren genau wussten, wo sie zu finden waren.

Wenn allerdings ein Chemiker ausrechnen wollte, wie sich Jodatome auf Metalloberflächen verhalten, oder wenn Meteorologen simulieren wollten, wie sich Regenschauer bei einem Westwind über Europa verteilen, dann stand hinter diesen Aufgaben oft ein einziges Anwendungsprogramm. Die Herausforderung für die Informatiker bestand darin einen Weg zu finden, um solche Programme aufzuteilen. Mehrere Prozessoren sollten parallel zusammenarbeiten. Die Wettervorhersage sollte fertig gerechnet vorliegen, bevor es wirklich in Strömen schüttete.

Mehrere Lösungen sind den Informatikern eingefallen. Sie entwickelten Programmiersprachen und die zugehörigen Compiler (Übersetzer der Programmiersprachen in die Befehlssätze der Zentraleinheiten) so, dass die eigentlich sequentielle Programmabarbeitung ohne Wissen des Programmierers tatsächlich in parallel ablauffähige Teilprogramme zerlegt wurde. Diese Teilprogramme wurden und werden immer wieder koordiniert. Außerdem entstanden Betriebssysteme für Mehrfachprozessoren. Hier verteilt das Betriebssystem die Rechenaufgaben auf viele Prozessoren. Anfangs war man stolz, dass zwei Prozessoren koordiniert werden konnten, bei etwa 20% Rechenaufwand für die Koordinierung. Heute können die Betriebssysteme zig-Tausende Rechner koordinieren. Zum Dritten wurde die sog. Three-Tier-Architektur (etwa Drei-Stufen-Architektur) entwickelt. Die drei Stufen bestehen schulbuchmäßig aus dem PC des Benutzers, einem damit vernetzten Server mit den Anwendungsprogrammen und einem dem Anwendungsserver nachgeordneten Server mit der Datenbank. Alle diese Server können natürlich wieder Hochleistungsrechner mit jeweils mehreren Tausend Prozessoren sein, mit oder ohne Cloud-Technik. Mit diesen drei Techniken kann man ganz nett leistungsfähige Computersysteme bauen. Vor allem für kommerzielle Aufgaben (Buchhaltung, Reservierungssysteme, Portale mit Shops, soziale Netzwerke, Buchausleihen, behördliche Aufgaben wie polizeiliche Informationssysteme und Einwohnerregistrierung, usw.) ist diese Computerarchitektur gut geeignet.

Supercomputer, die naturwissenschaftliche Aufgaben noch zu Lebenszeiten des Programmierers lösen, erfordern den Zusammenschluss von vielen Zehntausenden von super-schnellen Zentraleinheiten, etwa den XEON-Rechnern von Intel, unter einem Betriebssystem. Die Rechengeschwindigkeit einer Zentraleinheit misst man dabei unter anderem über die Anzahl von Gleitkommarechnungen, die pro Sekunde durchgeführt werden können. Gleitkommarechnungen sind dabei Rechnungen wie $4,332456787654 * 3,1412954639$. Wer auf seinen privaten PC schaut, wird dies so nicht finden. Dort ist die Geschwindigkeit mit GHz (Giga Hertz) angegeben. Dabei geht man von der Intel-Architektur für PC aus und benennt die Generation der Prozessoren (etwa i5, i7, Celeron) und die Taktfrequenz des Chips in GHz.

Doch zurück zu den Supercomputern. Die Gleitkommarechnungen heißen im Englischen „Floating Point Operations", kurz Flops. Die größten Supercomputer schaffen seit 2008 etwa ein Peta-Flops. Das sind eine Million Milliarden Gleitkommaoperationen pro Sekunde. Das Wettrennen zum Bau der Exa-Flops – Supercomputer läuft bereits geraume Zeit und soll spätestens 2018 zum Erfolg führen. Die Entwicklung dieser Maschinen läuft als ehrgeiziger Konkurrenzkampf zwischen den USA, Japan und China. China hat derzeit mit selbst entwickelten CPUs die Nase vorn, obwohl die USA die Ausfuhr der schnellsten Intel-Xeon-Chips an China eingestellt haben. Die wahre Herausforderung liegt darin, dass Gehirnforscher annehmen, **mit einem Exa-Flop könnte man das menschliche Denken simulieren**. Menschliches Denken? Das ist ein weites Feld, das menschliches Fühlen, Aufspüren von Gefahren, Einschätzen von kriminellen Persönlichkeiten und Glauben in existentiellen Situation auf keinen Fall einschließt.

Dass diese dennoch bemerkenswerte Rechen-Leistung über eine Parallelverarbeitung in den Supercomputern erreicht wird, stört dabei nicht. Menschliches Denken und Fühlen verläuft auch parallel in mehreren Bereichen des Gehirns. Die Koordination der parallelen Gehirnaktivitäten ist dabei – leider oder Gott-sei-Dank? - gar nicht so streng wie bei den Computern. Leider, denn wenn die Menschen immer in allen Situationen die Dinge zu Ende denken würden, kämen sie nicht so oft dazu, sich zum Idioten zu machen. Regen wir uns nicht oft völlig unnötig auf? Haben wir nicht Sorgen, die bei genauerem Durchdenken irrelevant sind? Vor allem eine bessere Koordination zwischen unseren Gefühlen und dem vollständigen Durchdenken von Sachverhalten wäre hilfreich. Wer mit sich selbst ehrlich ist, wird dies zugestehen.

Sobald die Exascale-Computer verfügbar sind, will man das Gehirn tiefergehend und schneller erforschen. Das ist beispielsweise das Ziel des europäischen Projekts „Human Brain Project"[17].

Supercomputer werden oft mit erstaunlichen Überlegungen gebaut. Ein wichtiger Punkt ist der enorme Energieverbrauch von Supercomputern. Beim Bau wichtiger Teile des Supercomputers für München (sog. SuperMUC mit 6,8 Peta-Flops im Leibniz Supercomputing Center[18]) hat die IBM beispielsweise die Überlegung angestellt, dass man den Rechner mit Wasser kühlen könnte, das so warm ist wie der Rücklauf von Heizungswasser. Die Folge davon ist, dass man mit dem Kühlwasser Wohnungen heizen kann. SuperMUC ist mit 10% Leistung des schnellsten chinesischen Supercomputers einer der schnellsten Supercomputer der Welt. Das Leibniz Rechenzentrum bietet Interessierten Kurse, Veranstaltungen und Tagungen.

Quantencomputer

Unsere Welt funktioniert in den atomaren und sub-atomaren Dimensionen völlig anders als in unserem Alltag. Teilchen können dort auch Wellen sein; sie reichen von minus unendlich bis plus unendlich. Wo sind sie dann? Wieder so ein Rätsel, denn von den Teilchen können wir nur ihre Geschwindigkeit oder ihren Aufenthaltsort erfahren, beides gleichzeitig geht nicht. Das Erstaunlichste ist aber, dass sie mit anderen Teilchen auf scheinbar bizarre Weise interagieren können. Diese Interaktion, die sog. Quantenverschränkung, geschieht wohl in Lichtgeschwindigkeit. Die Quantenverschränkung ist eine Fernwirkung zwischen zwei oder mehr Teilchen, etwa zwei Photonen. Albert Einstein wies die Vorstellung von einer „spukhaften Fernwirkung" von sich. Es handle sich um ein nicht-lokales Phänomen, wie wir es aus der klassischen Mechanik nicht ken-

> Bits von Quantencomputern haben in bestimmten Quantenzuständen nicht nur zwei Werte (wahr und falsch oder 0 und 1) wie die von-Neumann-Rechner sondern drei. Ganz anders müssen sie deshalb programmiert werden.

nen. Sicherlich sei es nicht so, dass es versteckte physikalische Gesetze gebe, die man noch nicht kenne, und die diese Fernwirkung erklärten. Physiker der Universität gehen davon aus, dass sie beweisen konnten, dass keine versteckten physikalischen Gesetze, die wir noch nicht kennen würden, hier wirken. Würden diese Teilchen miteinander irgendwie kommunizieren, dann würde das erheblich schneller als mit Lichtgeschwindigkeit geschehen müssen, nämlich mit der 10.000-fachen Lichtgeschwindigkeit. Hier handelt es sich um ein noch sehr aktuelles Forschungsgebiet. Eins ist jedenfalls sicher: Die theoretisch noch nicht voll erklärbare Quantenverschränkung ist der Grund für die rasante Geschwindigkeit der quantenbasierten Informatik. Würde sie nicht genutzt, wäre der Quantencomputer nicht besonders schnell.

Im Quantencomputer sind sog. Qubits, also Schaltelemente, die erstens Informationen speichern können und die zweitens miteinander interagieren. Die kanadisch-amerikanische Firma D-Wave bie-

---

[17] Aktuelles wird unter www.humanbrainproject.eu veröffentlicht.
[18] Details mit Bildern und vielen interessanten Architektur-Informationen unter www.lrz.de. 1 Peta-Flop ist 10^{15} Flops.

tet einen kommerziellen Quantencomputer mit 1000 Qubits an. Auf ihrer Internet-Seite berichtet D-Wave sogar inzwischen von 2000 Qubits[19]. Computerkerne mit 1000 Qubits ermöglichen eine Parallelverarbeitung in Lichtgeschwindigkeit in der Größenordnung 2^{1000}. Gigantisch!

Die Geschwindigkeitsmessung über Flops funktioniert bei Quantencomputern nicht. Ihre Leistung ist, obwohl sie das Image eines superschnellen Computers haben, nicht direkt vergleichbar mit den klassischen Computern. Das Funktionsprinzip ist anders.

Quantencomputer arbeiten also mit Qubits (abgeleitet aus Quanten-Bits), die anders als die Bits der traditionellen Computer nicht nur zwei sondern in bestimmten Situationen drei Zustände einnehmen können. Derzeit wird ein Qubit über ein einziges Ion (im Sinne der Physik und Chemie) oder über eine supraleitende, deshalb auch widerstandslos funktionierende, Stromschleife realisiert. Die Qubits werden in einer Reihe wie Perlen in sog. Registern angeordnet.

Die Verarbeitung erfolgt über Laserstrahlen und einer Wechselwirkung zwischen den Qubits, die über die Quantenverschränkung wirkt. Die Programmierung erfolgt linear sequentiell, nur insoweit etwa vergleichbar der Programmierung mit von Neumann-Computern. Aber, weil quantenmechanisch bedingt jeder Programmierschritt reversibel sein muss, kommen die Operationen „und", „oder" der traditionellen Informatik nicht zur Anwendung. Erarbeitet wurde eine spezielle quantentheoretische Logik, die ein Qubit-Register nutzen kann.

Will man einen Quantencomputer programmieren, dann muss man mit dieser speziellen Alternativ-Logik arbeiten. Sie ist ein vollständiges Äquivalent zu der mathematischen Logik mit „nicht", „und", „oder". Deshalb kann man mit Quantencomputern auch alles programmieren, was man mit den traditionellen Computern auch programmieren kann. Die Algorithmen müssen aber so umgerechnet werden, dass sie dieser Alternativ-Logik gehorchen. Das erfordert, wie es bislang aussieht, nicht nur mathematische Kenntnisse, sondern sogar eine besondere Begabung oder gar eine Hochbegabung für Mathematik. D-Wave berichtet, man habe auch ein C/C++-Programmier-Interface realisiert. Das wird die Programmierung dieser Rechner erheblich erleichtern. Denn der Programmierer kann so denken, als würde er einen altbekannten Rechnertyp programmieren.

Da sich auch die klassischen Programmiersprachen nach und nach zumindest in vielen Bereichen bis zu einer etwas formalen aber durchaus allgemein verständlichen Sprache entwickelt haben, wird die Programmierung von Quantenrechnern aller Voraussicht nach rasch vereinfacht. Das wirtschaftliche Potential wird Firmen und Privatleute (heutige Investoren nennt D-Wave auf seiner Internet-Seite) zu gigantischen Investitionen ermuntern. Man darf, will man den breiten Einsatz zeitlich abschätzen, der Technik der Quantencomputer wohl weniger als zehn Jahre Entwicklungszeit geben, bis ein kommerziell brauchbarer Quantencomputer auf dem Markt ist. Viel spricht dafür, dass seine Rechenleistung in Clouds verfügbar und mit einem Ring klassischer Computer ergänzt wird. Wo die Entwicklung genau steht, erkennt man aus den Berichten der Experten nicht. So wird berichtet, mit dem Quantencomputer der IBM, genannt „IBM Q", seien schon über 270.000 unterschiedliche Programme gerechnet worden. Andere Experten sagen, im Grunde sei die Primzahlzerlegung nach dem Shor-Algorithmus[20] die einzige produktiv nutzbare Anwendung.

[19] https://www.dwavesys.com/quantum-computing (Abruf am 29.11.2017)
[20] Andreas de Vries, Quantenrechnen – Eine Einführung in Quantum Computation für Ingenieure und Informatiker, BoD

Experimentelle Quantencomputer kommen übrigens in der Praxis mit sehr wenigen Qubits aus, etwa fünf bis zehn. Weil bei n Qubits im Register der Programmalgorithmus in einem mathematischen Raum mit der Dimension 2^n abläuft, ist eine enorme Verarbeitungsleistung möglich. D-Wave-Rechner mit ihren 1000 oder gar 2000 Qubits langen Registern spielen da in einer ganz anderen Liga. Mit dem Shor-Algorithmus sollen selbst die kleinen Register der experimentellen Quantenrechner so schnell arbeiten, dass sie heutige Verschlüsselungssysteme, die auf Primzahlzerlegung von natürlichen Zahlen aufbauen und eine Entschlüsselung nur nach Tausenden von Jahren zulassen, mit guter Aussicht auf Erfolg in Sekundenbruchteilen knacken können. Schnell ist das, weil die Qubit-Register („Qubit-Perlenstränge") nicht länger als 10 Sekunden stabil gehalten werden können. Inwieweit D-Wave diese Zeit verlängern konnte ist offen. Die Algorithmen müssen also spätestens in der Zeit, in der Stabilität gewährleistet ist, zu einem Ergebnis kommen.

In der Praxis ist das gar nicht so einfach, denn eine Reihe von Anforderungen müssen erfüllt werden:

- Die Qubits und ihre Realisierung der Verschränkung müssen im Quantencomputer einfach aktiviert und mit einer exakten Uhr zum Rechnen gebracht werden können. Das geht etwa mit Laserstrahlen und Ionen offenbar ganz gut. Innerhalb eines EU-Projekts[21] [22] geht man auch diesen Weg.

- Je einfacher auf die Qubits eingewirkt werden kann, umso mehr fehlerhafte und selbstverständlich unwillkommene Einwirkungen aus der Umgebung können auftreten. Die Fehlerrate gering zu halten und dennoch eine einfache Manipulation des Rechenvorgangs sicherzustellen, ist in der Praxis eine große Herausforderung. Fehlerreduzierung wird in der von Neumann-Architektur, wo sie wegen den robusteren Realisierungen der Bits seltener auftreten, durch effiziente Redundanzen erreicht. Im Hauptspeicher verwendet man zum Abspeichern von Programmen und Daten einfach mehr als die eigentlich notwendigen 8 Bits, die – falls sie tatsächlich durch Sonneneruptionen oder elektro-magnetische Effekte[23] verändert würden – durch einen „Error Detection and Correction"-Algorithmus automatisch korrigiert werden. Die Hauptspeicher-Platine der modernen Computer vermerkt jeden solchen Korrekturfall. Wenn sie sich häufen, wird automatisch ein Bericht an die Administratoren des Rechenzentrums abgesetzt. Die Platine kann dann im laufenden Betrieb ausgetauscht werden. Von einem derartigen Komfort ist man bei Quantencomputern noch weit entfernt.

- Je mehr komfortable Software-Entwicklungsumgebungen bei der Programmierung von Quantencomputern genutzt werden, stellt sich die Frage, wie transparent die Programmierung ist. Die Entwicklungsumgebungen und die damit erstellten Programme sind laut Kurt Gödel immer fehlerhaft. Wenn ein 2 Jahre altes Programm abläuft, weiß kein Mensch mehr, welche Fehler und Funktionen darin versteckt sind. Sensible Aufgaben ohne permanente Transparenz zu rechnen hieße, mit dem Feuer spie-

> Bei komplexen Rechnungen ignorieren wir die Fehlermöglichkeiten und nehmen die Ergebnisse zu Unrecht unkritisch hin. Das ist ein Spiel mit dem Feuer. Energie-Infrastrukturen können ebenso wie weltweite Finanzsysteme plötzlich zusammenbrechen. Wir benötigen also neue transparente Kontrollsysteme.

---

[21] Frankfurter Allgemeine Zeitung vor[...] arde Euro als Quantenbeschleuniger. stufenweise über Grundlagenforschu[...] zu realisieren.

[22] https://www.uibk.ac.at/newsroom[...]

[23] Mit Kernwaffen können elektro-magnetische Impulse entstehen, die zum Verschmelzen von Metallen führen. Dadurch werden Computer funktionsunfähig. Würde dies in unserer ohne Computer nicht mehr funktionierenden Infrastruktur geschehen, würde die Gesellschaft völlig lahmgelegt.

len. Kraftwerke könnten verrückt spielen, Medikamente könnten falsch zusammengestellt werden, Finanzsysteme könnten zusammenbrechen und die Welt in den Abgrund reißen.

Das sind natürlich nicht die einzigen Probleme der Praxis. Sie verdeutlichen beispielhaft die Frage, die uns hier vor allem beschäftigt: Wie transparent sind die Entscheidungen der Quantencomputer? Falls wir von der Verarbeitung dieser Rechner existentiell betroffen sind, wollen wir wissen, ob wir richtig oder falsch behandelt und beraten werden. Als Anwendungsbereich der Quantencomputer nennt etwa IBM alle gängigen Anwendungen, die uns bisher bekannt wurden, wie Geldanlagen, Übersetzungen und Anwendungen aus der Medizin. Die Transparenz ist deshalb für viele Alltagsthemen wichtig und von hoher Bedeutung.

Quantencomputer können im Laufe der weiteren technologischen Entwicklung wie die klassischen Supercomputer zu Mehrfachprozessoren zusammengeschlossen und somit in ihrer Leistungsfähigkeit exzessiv gesteigert werden. Die vielfach genannte 10-Sekunden-Schwelle, innerhalb der heute Algorithmen der Quantencomputer offenbar ablaufen müssen, kann auf mehrere Weisen überwunden werden. So wie heutige Computer bei der Parallelisierung eines linear geschrieben Programms dieses in einzelne Arbeitspakete zerlegen, die von unterschiedlichen Prozessoren abgearbeitet werden, kann ein Quantencomputer-Algorithmus zerlegt werden. Zudem kann der Quantencomputer immer wieder durch einen Reset aktiviert werden.

Die Entwicklung ist technologisch faszinierend und viele Forscher werden sich des Themas annehmen. Juristen und Politiker dürften sich dem Thema zurückhaltend nähern. Hier muss man argumentieren, dass die Transparenz im heutigen Datenschutzrecht bereits als wichtigstes Thema gesetzt ist und wir hier mit erster Priorität nichts anderes fordern, als dieses Prinzip der Transparenz so zu verallgemeinern, dass es auch Quantencomputer – und wie gleich näher ausgeführt wird, zudem künstliche neuronale Netze - umfasst. Gesichert werden muss, dass niemand einem unverständlichen Algorithmus, gleichgültig welcher Computer ihn ausführt, ausgesetzt wird und er keine Möglichkeit hätte, sich dagegen zu wehren.

Dass der Computer nicht in menschlicher Analogie denken und lernen kann, ist ein Dorn im Fleisch der Informatiker.

Provozierend empfanden Informatiker schon immer, dass das Gehirn mit ungefähr tausend Schaltvorgängen pro Sekunde arbeitet und trotz dieser sehr langsamen Geschwindigkeit den Giga-Hertz-Computern, die eine Million Mal schneller getaktet sind, in vielen Punkten überlegen ist. Wo ein Computer durch ein paar defekte Bauteile ausfallen kann, ist das menschliche Gehirn viel besser in der Lage, in Fehlersituationen mit einem defekten System noch korrekt zu funktionieren.

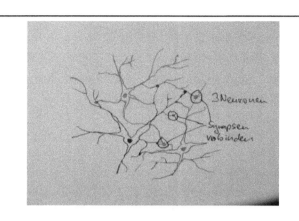

Natürliche neuronale Strukturen werden in künstlichen neuronalen Netzen vereinfacht nachgebildet.

Äpfel mit Birnen werden, vergleicht man das menschliche Gehirn mit einem Supercomputer, als vergleichbar angesehen, das ist schon richtig. Doch irgendwie will man die Unterschiede deutlich machen. Eine ganz große Stärke des menschlichen Körpers ist, dass er dezentrale Verarbeitungsknoten außerhalb des Gehirns besitzt, die etwa bei einem gebrochenen Bein den Zustand des defekten Beins gebündelt an das Gehirn schicken. Diese dezentralen Verarbeitungsknoten braucht der Mensch, da seine Nervenbahnen nicht wie bei Computern mit Signalen geflutet werden dürfen. Nach einer Signalmeldung müssen die Nervenbahnen wieder frei werden, um andere Signale durchzulassen. Im Gehirn angekommen wird die Information in Parallelverarbeitung ausgewertet. Ein Mensch mit einem gebrochenen Bein beschäftigt sich nicht nur damit, sondern denkt auch an Flucht, kalkuliert seine Chancen und vieles mehr. Vieles ist dem menschlichen Gehirn dabei schlagartig klar, ohne lange Programmzeilen einer Computersprache abzuarbeiten. Dies sind die assoziativen Denkprozesse. Ist ein Fuß gebrochen, dann weiß der Mensch instinktiv, dass er dennoch krabbeln und sich so aus einer Gefahrenzone befreien kann. Das Krabbeln delegiert das Gehirn an die dezentralen Verarbeitungsknoten in den Gliedern. Ganz anders als bei dem Computer muss das Gehirn hier nicht immer eingreifen und gegensteuern. Parallel riecht der Mensch, ob er sich Verbrennungen zugezogen hat. Zudem erkennt er seine Umgebung und schätzt ab, wo andere Menschen ihm helfen oder ihm schaden wollen.

Von einem derartig gut strukturierten hierarchischen System mit Parallel- und Assoziativverarbeitung ist der Computer noch meilenweit entfernt. Heutige Roboter sind nur ein erstes Hineinschnuppern in diese faszinierende Welt menschlichen Funktionierens.

Der selbst lernende Computer ist das Ziel. Da Mensch und Computer völlig unterschiedlich funktionieren, macht es offenbar wenig Sinn, das menschliche Lernen in einem Computer nachzubauen. Der Mensch lernt beispielsweise Schwimmen, indem er die Schwimmbewegungen hunderte und tausende Male durchführt,

Neuronal Netze sind eine neue mächtige Technik, aber kein Ersatz für menschliches Denken.

optimiert, internalisiert und immer weiter perfektioniert. So kann ein Computer nicht lernen, weil er diese Internalisierung in keinem Bauteil vorbereitet hat. „Deep Learning" beim Computer ist ein ganz anderes Lernkonzept als beim Menschen. Ziel ist es, die bekannten Computer-Bausteine wie Datenbanken ausgehend von vorgefertigten Schema selbstständig feiner zu strukturieren und den Zugriff zu beschleunigen. Übersetzungscomputer können neue Übersetzungsvarianten zu einem Originaltext speichern und sich merken, in welchem Kontext sie verwendbar sind.

Dem Ziel des automatisierten Lernens kommt man näher, wenn man das menschliche Gehirn anschaut und sich inspirieren lässt, welche Funktionen das beschränkte Computerlernen noch verwenden sollte. Mit einer 100%-Abbildung des Menschen auf den Computer anzufangen, wäre so kompliziert, dass ein dafür arbeitender Wissenschaftler entweder als Hirnforscher sein Leben verbringt oder als Informatiker. Da haben sich die Wissenschaftler und Manager an

> Philosophie hat nicht die Aufgabe zu erfahren, was andere Leute gedacht haben, sondern wie die Wahrheit der Dinge sich verhält. (Tomas von Aquin, 1225 - 1274)

was erinnert: Wir brauchen keine 100% Lösung. Uns reicht eine 40%, 60%, 80% Lösung. Darüber haben, wie das Zitat von Thomas von Aquin zeigt, auch schon andere vor unseren Managern nachgedacht. Die Wahrheit der Dinge, abstrahiert, modellhaft im Sinne einer ersten Näherung der Mathematik, das ist gesucht.

Unsere Gehirn-Zellen heißen Neuronen und sind miteinander verbunden, mit sog. Synapsen. Sie leiten Informationen weiter, wenn die Summe der Eingangswerte an den Synapsen (chemischer oder elektrischer Natur) einen gewissen Wert, der für die inhaltliche Funktion der Zelle steht und wesentlich ist, übersteigt. Komplizierte biologische, chemische und elektrische Prozesse führen dazu, dass wir unseren Körper steuern können (besser gesagt, dass sich unser Körper weitgehend selbst steuert), dass wir unsere Umwelt wahrnehmen und bewerten können, dass wir empfinden und zu einem wohl nur geringen Teil auch bedenken können. Das alles zu simulieren ist heute Sache der Bioinformatik und ziemlich kompliziert. Zumindest heute wäre auch nicht erkennbar, wieso wir in dieser Simulations-Komplexität das menschliche Denken abbilden müssten, um schnellere und bessere Rechenergebnisse und Automationsvorgänge zu erhalten. Eine einfache und, wie sich inzwischen herausstellte, sehr hilfreiche Vorstellung ist, dass unsere Nervenzellen in verschiedenen Ebenen angeordnet sind und vernetzt sind. Die Vernetzung stellen wir uns als jeweils ein Kabel vor. Das ergibt dann die folgende grundlegende Struktur.

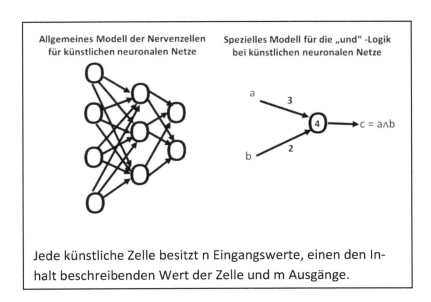

Allgemeines Modell der Nervenzellen für künstlichen neuronalen Netze

Spezielles Modell für die „und"-Logik bei künstlichen neuronalen Netze

$c = a \wedge b$

Jede künstliche Zelle besitzt n Eingangswerte, einen den Inhalt beschreibenden Wert der Zelle und m Ausgänge.

An diese Struktur geht man jetzt mit einigen mathematischen Methoden heran, um sie in den Griff zu bekommen. Das sind erstens die logischen und arithmetischen mathematischen Strukturen. Damit erreicht man bereits sehr viel. So kann man mit diesen Strukturen komplexe mathematische Funktionen in fast beliebiger Genauigkeit berechnen. Die Berechnung kann über Vektoren und Matrizen erfolgen. Das erlaubt es, auf den herkömmlichen von-Neumann-Computern die künstlichen neuronalen Netze mit großer Effizienz zu berechnen.

Die Vorteile der neuronalen Netze kommen dabei optimal zur Wirkung.

Das allgemeine Modell der neuronalen Netze erweist sich als sehr vielseitig. Die Fülle der Eingangswerte ist bei etwa 1.000 bis 100.000 Zellen enorm hoch. Entsprechend können viele Inhalte abgebildet und miteinander vernetzt werden. Lässt man zu, dass die den Pfeilen und den Zellen zugeordneten Werte auch verändert werden können, dann entstehen Lernstrukturen.

Beim tiefgehenden Lernen („deep learning") verwendet man deshalb die enorme Flexibilität der künstlichen neuronalen Netze. Auch das funktioniert sehr gut, besonders wenn man diese Rechenmethoden mit der sog. Backtracking-Methode verbindet, die in den 1970er Jahren für die künstliche Intelligenz erfunden worden ist. Backtracking heißt, dass wir die Ergebnisse der Computeralgorithmen bewerten, wenn die Ergebnisse jeweils vorliegen, und dann prüfen, ob man durch Zurückgehen auf Zwischenergebnisse, Einfügen kleinerer Korrekturen bessere Ergebnisse bekäme.

Zugegeben, das ist zu einfach gesagt, aber es ist eine grobe und deshalb hilfreiche, erste Näherung. Wenn wir etwas denken, dann sind parallel mehrere Gehirnbereiche aktiv. Die Informatiker nennen das eine Parallelverarbeitung. Was in unserem Gehirn zuerst fertig ist, das tun wir. Also schreien wir einen verirrten Autofahrer an und hupen, obwohl er aus einer anderen Stadt kommt und sich nicht auskennt. Letzteres zu erkennen bedarf aber der Überlegung, wir aber haben (wieder?) der Emotion erlaubt, als erstes unser Verhalten zu bestimmen, obwohl unser Hirn auch den anderen Sachverhalt erkannt hat.

Der selbstlernende Computer soll nicht hupen und schreien, deshalb lassen wir ihn auch nicht reagieren, bevor er nicht alles überlegt hat. Das saubere Überlegen und parallele Lernen geht so, dass die Neuronen in einer Kette nacheinander aktiviert werden (auch wieder mit den deterministischen von Neumann-Schritten) und die Neuronen, die in früheren Situationen uns innerlich befriedigende Ergebnisse brachten, die werden „gelobt", indem sie eine höhere Gewichtung erhalten. Hier werden Wahrscheinlichkeiten vergeben, die aus den Distanzen zu dem zu lernenden Inhalt kausal abgeleitet werden können. So überlegen und lernen wir parallel und leiten Impulse von einem Neuron an das nächste über die Synapsen, die von der Gewichtung mit Wahrscheinlichkeitsrechnung ebenfalls betroffen sind.

Selbst-Lernen steht vor einigen Herausforderungen. Gehirnareale, die wir normalerweise für einen Zweck wie das Sehen verwenden, können funktional anders verwendet werden, etwa von Blinden für ihr sogenanntes Echo-Hören. Das Gehirn arbeitet dann das Gehörte zu einem optischen Eindruck um. Für Blinde ist das offenbar ein gar nicht so seltenes Können. Ähnlich können auch Fledermäuse vorgehen. Das macht das Modell für die Computertechnik universal und somit besonders erfolgversprechend. Selbst-Lernen steht noch vor einer weiteren, viel anspruchsvolleren Hürde. Herbert George Wells, ein bekannter Futurologe und Schriftsteller, sagte mal „Interessante Selbstgespräche setzen einen klugen Partner voraus.". Der selbst-lernende Computer muss folglich so reichhaltig und umfassend mit Wissen gefüllt werden, dass er sich ergiebige Lernkurven erarbeiten kann. Der Schweiß der edelsten Informatiker ist hier nicht umsonst vergossen.

Bei der Umsetzung auf die Computertechnik machen wir in der bisher benutzten sehr groben Näherung weiter. Wie sich später zeigt, ist diese grobe Näherung für die Einschätzung des Potentials der neuronalen Netze völlig ausreichend. Wir wollen letztlich das Funktionsprinzip wissen und daraus ableiten, wie man Chancen nutzt und sich gegen Gefahren, die von den neuronalen Netzen und Computern ausgehen, schützen kann. Nun, die Informatik macht aus den Neuronen Datenfelder und aus den Synapsen ebenso. Mehr bekommen die Informatiker, wie oben beschrieben, in ihre „dummen" von Neumann-Computer nicht hinein. Um diese an sich einfachen Datenstrukturen im von Neumann Computer für die Simulation von menschlichem Denken zu benutzen, benötigen die Informatiker riesige Program-Pakete mit tausenden von Algorithmen. Diese Schritt-für-Schritt-Vorgehensweise bei den Neuronen lassen sich so abbilden, ebenso die Gewichtung der Neuronen und Synapsen. Schließlich müssen die Neuronen einem bestimmten früheren Erlebnis und Erfolgsgefühl, also einem Ergebnis, zugeordnet werden, damit die Schritt-für-Schritt-Abfolge zu einem guten Ende kommt. Nur dann klappt das System.

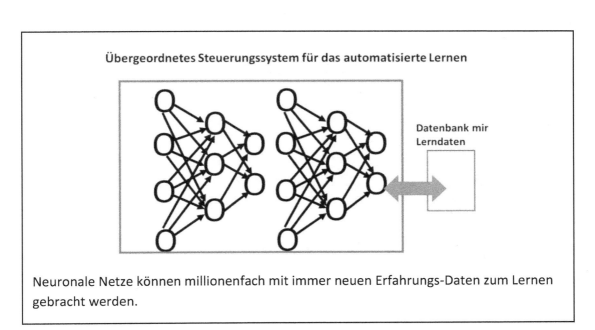

Übergeordnetes Steuerungssystem für das automatisierte Lernen

Datenbank mir Lerndaten

Neuronale Netze können millionenfach mit immer neuen Erfahrungs-Daten zum Lernen gebracht werden.

Eins muss noch geklärt werden: Welche Neuronen sind die ersten in der Kette und welche sind diejenigen, die unserem Gehirn sagen: „Ergebnis erreicht. Ich bin zufrieden." Da gibt es eine Arbeitsteilung. Neuronen, die etwa Sprache dekodieren, die über die Augen optisch den Ärger im Gesicht des Anderen wahrnehmen, die unsere ethischen und praxisorientierten Haltungen wie „Mach mal langsam" steuern sind die ersten in der Kette. Das kann eine ziemlich große Zahl von Neuronen sein. Dann kommen viele Verarbeitungs-Neuronen. Schließlich sind die Ergebnis-Neuronen da, die uns sagen, wann wir mit dem Nachdenken fertig sind.

Die Abbildung bleibt grob, zeigt aber das Schema mit drei Eingabe-Neuronen und einem Ergebnis-Neuron. So einfach wird man in einem Computermodell nicht vorgehen können. Aber die Komplexität des Gehirns muss nicht erreicht werden. Befriedigende Rechenergebnisse lassen sich eventuell mit viel bescheideneren Strukturen erreichen.

Spannend ist, welche Inhalte mit diesen mächtigen neuen Software-Systemen abgebildet und gelernt werden können. In letzter Konsequenz lässt sich das heute noch gar nicht sagen, denn jeden Tag fällt einem Wissenschaftler eine neue Abbildung eines realen Sachverhalts auf die künstlichen neuronalen Netze ein. Auch weil diese künstlichen Netze gut mit den klassischen Computern verknüpft werden können, zeigen sich immer wieder neue Chancen. Doch welche Anwendungsgebiete liegen auf der Hand?

- Lernsysteme für Spiele oder Finanzanwendungen (etwa Geldanlage, Investitionen) können das von ihnen gefundene Ergebnis selbst bewerten. Wann ein Spiel gewonnen ist, lässt sich klar sagen. Der Computer, der das neuronale Lernsystem trainiert, kann also immer sagen: Der letzte Programmlauf war erfolgreich / nicht erfolgreich. Bei den weiteren Programmdurchläufen ist bloß noch darauf zu achten, dass das neuronale Netz seine Fähigkeiten nicht bloß immer wieder an demselben Problem trainiert (wie manche faule Schüler) und sich zu Unrecht für exzellent hält. Die Varianz der Eingabedaten durch eine Wahrscheinlichkeitsfunktion lässt dieses Problem aber einfach verschwinden.
Ähnlich wie bei den Spielen ist es bei Geldanlagen. Wenn der Gewinn nicht zufriedenstellt, dann muss das neuronale Netz durch Variation seiner Werte in den Zellen und den Verbindungen eben bessere Lösungen suchen. Andere Anwendungen sind die Veränderung von Produktions- oder Heizprozessen, bis eine Einsparung an Material oder Zeit gefunden wird. Fazit: Überall wo wir den Lerneffekt durch einfache Werte bewerten können, sind künstliche neuronale Netze leicht zu trainieren.
- Wie sieht es bei Übersetzungen oder der Spracherkennung aus? Jeder der ein Android-Smartphone hat, kann Mails, SMS, Messenger-Nachrichten diktieren. Das früher übliche Sprachtraining ist heute nicht mehr nötig. Die Sprachdatei sendet das Smartphone an Google, wo die Sprache in Text umgesetzt wird. Wer das mal macht und dann auf den gefundenen Text tippt erkennt, dass Google eine Fülle von Umsetzungsvarianten anbietet. Das ist eine Lernfunktion, die nur funktioniert, weil Google eine enorme Anzahl an Nutzern hat. Ein Unternehmen, das nur 100 oder 1.000 Kunden hat, wird keine ordentliche Lernfunktion hin bekommen. Learning by scale, könnte man das bezeichnen. Hieraus ergibt sich, dass wir in Europa große Konzerne benötigen, die solche Lernfunktionen bauen und auf den Markt bringen können. Nur so können die Europäer auch an die noch viel wertvolleren Lernergebnisse der künstlichen neuronalen Netze kommen. Diese Systeme sind etwa in der Medizin, der Forensik, der Verbrechensbekämpfung, der Materialanalyse eine dringende benötigte Rationalisierung. Haben wir diese Systeme nicht selbst in der benötigten Qualität, dann fließen Lizenzgebühren für die Nutzung aus Europa hinaus. So schafft man keine Arbeitsplätze.
- Mühsam, aber nicht ungewöhnlich, ist, dass große Konzerne tatsächlich händisch die Lerndaten in große Datenbanken eingeben, die Lernsysteme darüber laufen lassen und händisch nachsteuern. Das ist sehr aufwendig. Davon wieder wegzukommen wird eines der ersten Ziele sein. Dennoch kann sich das gut rentieren. Oft werden solche Methoden auch verwendet, indem etwa bei Sprachübersetzungen die selten verwendeten Sätze und Worte händisch nachgeprüft werden. Was dieser Anwendungsfall schön zeigt, ist die Gefahr, dass einmal trainierte Systeme nicht mehr weiter perfektioniert werden. Das führt schnell zu unrichtiger Datenverarbeitung. Unrichtig heißt hier: schädlich. Falsche Diagnosen, halbherzige und wenig rentable Geldanlagen, miserable Übersetzungen etwa bei automatisierten Analysen von Terroristen-Telefonaten sind nicht akzeptable.

Entsprechend werden wir später Anforderungen definieren, die eine solche negative Entwicklung verhindern.

Drei Dinge sind als Fazit unserer groben Modelle besonders wichtig, richtig und bedeutsam für unsere Schutzmechanismen:

> Wenn neuronale Netze eingesetzt werden, müssen sie transparent sein und fachmännisch und tiefgehend zertifiziert werden.
>
> Jeder Bürger muss das Recht erhalten, neuronale Netze selbst zu testen. Urheberrechtliche Grenzen müssen aufgehoben werden.

- Um zu lernen, muss das neuronale Netz zig-fach durchlaufen werden, um immer wieder die Gewichtungen und die Wahrscheinlichkeiten feiner auszutarieren. Das neuronale Netz, das ein für Menschen einfach zu lernendes, aber nicht einfach zu gewinnendes, Spiel „Go" simulierte und das schließlich gegen einen menschlichen Go-Meister gewonnen hat, hat das Spiel millionenfach gespielt. Wie das? Nun, ob man im Go-Spiel gewinnt oder nicht, lässt sich einfach programmieren. Das Lernen konnte das neuronale Netz also ganz alleine besorgen. Der Computer hat einfach monatelang mit sich selbst gespielt und dabei die Gewichtungen des neuronalen Netzes gelernt.

- Falls neuronale Netze irgendwann einmal, nach vielen Verbesserungen, die sicher kommen, in besonders sensiblen (etwa lebensbedrohlichen Bereichen) auf Menschen angewandt werden, dann müssen sie transparent arbeiten. Wie beim Persönlichkeitsschutz, wo das Wichtigste ist, dass der Bürger versteht, was mit seinen Daten und später ihm passiert, muss auch beim neuronalen Computer die Transparenz an erster Stelle stehen. Und weiter: Neuronale Netze müssen zertifiziert werden um zu gewährleisten, dass sie auch verlässlich arbeiten. Diese Zertifizierung darf nicht wie bei den Silikon-Werkstoffen für Brustvergrößerungen ohne Tests, ohne tiefgehende Analysen und radikalen Untersuchungen (also gemütlich vom Schreibtisch aus ohne direkte Analyse) möglich sein.

- Das Urheberrecht erlaubt heute nicht, dass man Computerprogramme und Computeralgorithmen selbst in allen Details (die uns halt interessieren) untersucht. Die Internet-Giganten und Software-Häuser haben nämlich Angst, man würde die Banalität ihrer Programme und Algorithmen erkennen (und den hohen Preis nicht akzeptieren), sie als Open Source nachbauen oder mit negativen Kommentaren veröffentlichen. Wahrscheinlich ist diese Liste der Ängste nicht einmal vollständig. Doch wenn Menschen Algorithmen wie den neuronalen Netzen, etwa bei der Untersuchung von Röntgenbildern oder Blutwerten, ausgesetzt werden, dann kann das nicht länger gelten. Der Schutz der Menschen muss Vorrang erhalten. Deshalb muss bei diesen gefährlichen Programmen die interessierte Community selbst alles testen können. Ein Analogon zum Dieselskandal darf hier nicht entstehen: Verdeckte Algorithmen sieben aus, täuschen und verursachen Krankheiten- und Todesfälle.

Neuronale Netze will man vermehrt zur maschinellen Übersetzung von Sprachen verwenden. Diese Übersetzungen führen Computersysteme heute in drei Stufen durch. So stellt man sich das auch beim Menschen vor.

Die erste Stufe ist die Wort-für-Wort-Ersetzung. Das ist bei Wörtern mit mehreren Bedeutungen wie Schloss (Königsschloss, Türschloss) oder Kanzel (Felskanzel, Kirchenkanzel) nicht so einfach und der

Computer muss mit Alternativen rechnen. In der zweiten Stufe analysiert und überträgt der Computer die Syntax, also den Satzaufbau. Damit ist bei der Mehrdeutigkeit auch noch nicht viel gewonnen. Deshalb wird in der dritten Stufe der Kontext analysiert, möglichst vom ganzen Absatz und nicht nur von einem Satz. Jetzt kann der Computer – teils auch unter Nutzung der früheren Übersetzungen dieses Handy-Nutzers - den voraussichtlich besten Vorschlag für die Übersetzung entwickeln. Realisiert hat das Google bei seinem Translate mit der Technik des Long-Short-Term-Memory (LSTM)[24] und der Recurrent Neural Networks (RNN)[25]. Wie komplex die Aufgabe ist zeigt die Tatsache, dass bis zu 1.000 Ebenen der Verarbeitung durchlaufen werden müssen. Das geht trotz der immensen Geschwindigkeit der heutigen Smartphones nicht auf dem Handy. Dieses könnte auch die großen Datenbanken gar nicht aufnehmen. Deshalb funktionieren diese Dienste (Übersetzen, Spracherkennung, Sprachausgabe) am besten, wenn eine breitbandige Internet-Verbindung geöffnet worden ist. Wer wissen will, wie viele Varianten diese Systeme letztlich mit in die Bestenliste der voraussichtlich korrekten Lösung aufnehmen, sollte nach einem Textdiktat bei Android auf eines der erkannten Wörter klicken. Dann öffnet sich ein Fenster und gibt die anderen „besten" Lösungen zur Verwendung frei. Bewertend gilt, dass enorme Fortschritte erreicht worden sind, wahrscheinlich wie bei KI/AI überwiegend durch große schnelle Speicher und Hochleistungsserver in den riesigen Rechenzentren und eine fleißige Schar von Personen, die alle Sprachdaten akribisch genau eingeben.

Google und Facebook sagten im Sommer 2017, sie würden nur noch mit neuronalen Netzen übersetzen. Das dürfte richtig sein, wiewohl davon ausgegangen werden kann, dass auch sehr pragmatische Wege eingeschlagen werden. Neuronale Netze müssen nämlich auch eingerichtet werden. Wie beim Go-Spiel, wo der Computer mit sich selbst spielt, kann es nicht gehen. Doch Google und Facebook haben mit ihren traditionellen (altmodischen) Lösungen der Verschlüsselung viel Erfahrung gesammelt und konnten dieses Material als Lernstoff in die damals noch unfertigen Neuronalen Netze eingeben. Das war eine sehr gute und pragmatische Idee. Heute wird festgestellt, dass Neuronale Netze überall dort, wo die so gestalteten Lerninhalte spärlich anfielen, unsichere neuronale Übersetzungen entstehen. Das verwundert genau bedacht nicht. Als Herausforderung bleibt nun noch der sprachliche Wandel. Wir kennen allein zig verschiedene englische Sprachen mit Untergruppen (australisches Englisch, amerikanisches Englisch, Queens Englisch, indisches Englisch, EU-Englisch, Kisuaheli mit enorm vielen englischen Lehnwörtern, usw.)[26]. Da bedarf es großer Recherche und Fleißarbeit, um den sprachlichen Wandel sauber zu definieren, die Artikulation exakt mit den Bandbreiten (bayerisches Timbre der Stimme, sächsische Wortkürzungen, schwäbisches Genuschel, usw.) zu erfassen und einzuspeichern. Aber: Wir haben heute keine Angst mehr davor, Alles anzugehen. Demnach ist noch viel zu tun!

---

[24] Hochreiter und Schmidhuber 1997
[25] Hopfield Netze um 1982
[26] Robert McCrum, William Cran, Robert McNeil, The Story of English, BBC Books, 1992

Leuchtturm 3: Algorithmen

Algorithmen können nur Spezialisten verstehen. Das gilt für klassische und für quantentechnische Computer. Seit es Algorithmen gibt, etwa seit 800 v.Chr., ist dies – natürlich bei damals primitiverem Bildungsstand der Bevölkerung – unverändert richtig. Die ersten Algorithmen zur künstlichen Intelligenz wurden gegen Ende des zweiten Weltkriegs entworfen. Die damalige Computertechnik war allerdings so unstrukturiert und langsam, dass an eine automatisierte Abarbeitung nicht zu denken war.[27] Das hat die Software-Architekten so wenig entmutig, wie sich Gottfried Wilhelm Leibniz (1646 – 1716) bei der Entwicklung der Infinitesimalrechnung und der Binär-Datenverarbeitung von den Chancen einer Umsetzung in die Praxis beeindrucken ließ.

Lange hofften wir, dass die vollständige Veröffentlichung im Sinne von Open Source bei Algorithmen, etwa bei der Router-Verschlüsselung WPA2, zu mehr Sicherheit führt, da dann viele Experten die Technologie und den Algorithmus überprüfen. Aber das funktioniert nicht. Denn einen Algorithmus zu prüfen erfordert enorme Sachkenntnis, viel Zeit trotzdem und die Installation der gesamten komplexen Entwicklungsumgebung. Das macht niemand am Feierabend. Open Source hat deshalb vor allem kommerzielle Bedeutung.

Wollen wir Algorithmen beherrschen und nicht von ihnen beherrscht werden, dann müssen wir

- ein paar Grundlagen der Algorithmen-Programmierung - wie hier beschrieben - verstehen,
- eine Kontrollstruktur (vergleichbar den Datenschutzkontrollen, die deshalb später auch erläutert werden) aufbauen.

Einfach nur den Algorithmen glauben wie Heilsverkündungen, aber bei den religiösen Glaubensfragen zweifeln, ist keine zeitgemäße Haltung und bringt uns nicht voran.

Manager wollen Digitalisierung verstehen, indem sie programmieren

Ja, es ist eine gute Idee, wenn, wie in einigen Unternehmen, auch das höhere und höchste Management in die Welt des Programmierens hinein schnuppert. Mehr muss es nicht sein. Aber wer den Dualismus zwischen der primitiven Leistung einer Zentraleinheit und der immensen Verarbeitungskapazität von Programmbibliotheken verstehen will, kann sich so eine reifere Meinung und Haltung zur Digitalisierung und besonders den Algorithmen bilden. Manager müssen aber auch verstehen, wie Projektmanagement funktioniert. Dort werden die drei Ziele

- Projektinhalt
- Budget für das Projekt
- Genehmigter Zeitrahmen für das Projekt

---

[27] Georg E. Schäfer, History of Computer Science, 2013, BoD-Verlag

ins Lot gebracht. Falls ein Projekt aus dem Ruder läuft (und welches macht dies nicht ab und zu?), muss das Management aller Ebenen eine sachgerechte Haltung zu diesem Ereignis einnehmen können. Auch wie man verspielte, vielseitig talentierte oder ehrgeizige Programmierer motiviert, für das Unternehmen einnimmt und ihre Arbeit in deren Lebensplanung integriert, muss ein Manager wissen. Jeder Programmierer, der ein Unternehmen oder eine Behörde verlässt, nimmt einen Teil der Substanz dieses Unternehmens mit, ohne dass dies in der Buchhaltung erscheint. Und nicht erkannte, überforderte Programmierer können im Verborgenen einen Millionenschaden anrichten.

Computer allein, so haben wir gesehen, taugen nichts, solange man sie nicht programmiert. Hat man früher bloß ein paar einfache Sortier- und Rechenaufgaben bearbeitet, dann gab es keine besonderen Probleme. Die Umsortierung einer Datei mit Kraftfahrzeug-Daten, um festzustellen welche Fahrzeuge man in einer Krisensituation beschlag-

> Algorithmen sind Instrumente der Macht. Sie verstärken die Bedeutung demokratischer Kontrolle.

nahmt, oder die Berechnung der Elektrizitätsrechnungen sind für die Bürger nicht angenehm, aber transparent. Kritischer wird es schon, wenn man aus dem Einwohnermelderegister die Personen heraussucht, deren Namen auf eine bestimmte Herkunft schließen lässt oder die mit einer fremden Nationalität registriert sind. So hätte man in der Zeit des Dritten Reichs beispielsweise die Patienten von Heilanstalten und die Juden in Sekunden heraussortieren können. Die Nationalsozialisten haben auch ohne diese Computer unfassbares Leid und europaweite Gräuel verursacht. Doch mit den heutigen Computersystemen können Diktaturen noch grausamer und umfassender ihrer verrückten Ideologien umsetzen.

Eine ständige Aufgabe ist daher, die Grundlagen der Demokratie und ihrer Kontrollorgane immer neu zu erläutern und fortzuschreiben. Radikale Abneigungen gegen die Demokratie entstehen nur, wenn Gruppen der Bevölkerung, die sich nicht leicht Gehör verschaffen können, übergangen worden sind.

Algorithmen werden immer umfangreicher ... und keiner misst ihr Gewicht

Algorithmen werden laufend funktional umfangreicher, also mächtiger, immer mehr in einem atemberaubenden Tempo. In vielen Fällen sind die Programmierer und ihre Auftraggeber nicht der Wahrheit und Richtigkeit verpflichtet, sondern die Manipulation. Kein Geheimnis ist, dass Suchmaschinen ihre Ergebnisse mit speziellen Prioritäten präsentieren. Bei Google kommt beispielsweise zuerst die Liste der mehr oder weniger einschlägigen Anzeigenkunden. Das wird, wenn man genau hinsieht, auch dokumentiert. Danach kommen die Treffer. Welche Reihenfolge genau eingehalten wird, ist nicht öffentlich bekannt. Die Suchmaschinen manipulieren insoweit, als sie häufig aufgerufene Internet-Informationen immer in der Antwortliste von Suchanfragen nach vorne stellen. Das passiert sogar, wenn es zu einer Suchanfrage eine exakt passende Antwort gäbe. Die kommt aber nicht an erster Stelle. Das muss man als Manipulation bezeichnen, weil der normale Nutzer der Suchmaschine davon ausgeht, dass nur die ersten Antworten auf die Suche die richtigen Antworten sind. Nach vorne gestellt werden oft Produkte, die häufig gekauft werden. Oder Produkte, die von Unternehmen, die zum Suchmaschinen-Betreiber gehören, angeboten werden. 2017 läuft dazu ein Verfahren der EU-Kommission mit Google, in dem die EU-Kommission die Rekordstrafe von 2,4 Mrd. Euro verhängt hat.

Ich teste das immer wieder mit denjenigen meiner Buchtitel, die sich schlecht verkaufen. Selbst wenn ich den Titel, den Autor, den Verlag usw. alles exakt eingebe, zeigen die Suchmaschinen meistens andere Ergebnisse als das, was ich ganz konkret und richtig erfragt habe. Die Antworten der Suchmaschine gehen dann sehr weit an der eigentlich richtigen Antwort vorbei. Schuld sind die Algorithmen, also die Computerprogramme, die so geschrieben wurden, dass eben andere Fast-Treffer mehr Bedeutung und einen Platz vor dem Exakt-Treffer erhalten.

Algorithmen suchen für uns Geldanlagen und Aktien heraus. Sie finden für uns Nachrichten und Bilder. Wenn wir eine bestimme Firmenseite im Internet besucht haben, legt diese in der Regel ein sog. Cookie auf unserem Computer ab. Das werten dann andere Internet-Seiten aus. Manche übertragen alle unsere Cookies an sich selbst, um unsere Persönlichkeit und unseren Geschmack zu erfahren. Das kann mit oder ohne Personenbezug erfolgen, wird aber meist personalisiert. Nicht ausgeschlossen ist, dass die Software unsere Kamera unbemerkt einschaltet und aus dem Gesichtsausdruck und den Augen unsere psychische Verfassung abliest. Weil das inzwischen ein Problem ist, bieten Notebook-Hersteller standardmäßig eine Metallklappe an, mit der die Kamera abgedeckt werden kann.

Manche Internetseiten, etwa solche mit aktuellen Nachrichten, spielen dann die Werbung der Firmen ein, von denen sie Cookies oder andere Informationen auf unserem Computer gefunden haben. Das kann nur ein Anfang bei der Vermarktung der vielen, von uns „gestohlenen" Daten sein. Da dürfte noch etwas auf uns zukommen!

Solche Manipulationsversuche sind ärgerlich, aber im Grund harmlos, wenn sie beschränkt sind und auf einen Werbungsabstinenten fallen wie mich. Wirklich existentiell wichtig werden Algorithmen, wenn sie – wie aus den USA berichtet wird[28] - von der Justiz benutzt werden, um die Rückfallwahrscheinlichkeit von Straftätern einzuschätzen. Diese Algorithmen seien selbstlernend. Die Richter würden diesen Einschätzungen der Software entsprechen. Da muss man sagen, dass die Programmierer des Algorithmus anstelle der Richter entscheiden. So krass muss das gesagt werden, denn meine berufliche Erfahrung aus drei Jahrzehnten heißt, dass Programmierer oft von den Vorgaben abweichen. „Was die wollen ist sowieso Unfug, denn diese Fallgestaltungen durchläuft das Programm nie.", sagen die Programmierer sehr oft. Sie lassen das Programm dann entscheiden, was sie für richtig halten. Wenn sogar von selbstlernenden Programmen in dem Zusammenhang gesprochen wird, dann wissen wir, dass dieses Lernen durch Dateneingaben und Spracheigenheiten gesteuert werden kann. Dass ein Richter weiß, wie das alles läuft und was der Computer im jeweiligen Fall als Grundlage für seine Entscheidung heranzieht, ist äußerst unwahrscheinlich. Deshalb muss nochmals festgestellt werden, dass bei diesem Vorgehen die Informations-Techniker mehr entscheiden als die Richter. Das ist nicht richtig und widerspricht unserer Rechtsordnung. Für den Verurteilten ist diese Methode vernichtend. Er kann sich nicht dagegen wehren. Komplexe und teure Gutachten müssten erstellt werden, würde man ihm Gerechtigkeit widerfahren lassen wollen.

Ähnliche Algorithmen kommen auch in Deutschland auf uns zu. Wenn beispielsweise die Höhe der Kfz-Versicherung von dem abhängt, was unser Navigationssystem oder der Bordcomputer unseres Fahrzeugs über unseren Fahrstil an die Versicherung meldet, haben wir keine Möglichkeit mehr, uns gegen das Ergebnis zu wehren. Es sei denn, unser Rechtssystem würde um ein Recht auf Einsicht in die Algorithmen erweitert. Wenn das nicht geschieht, können wir uns mit den anderen Autofahrern nicht vergleichen. Wir können etwa als Vielfahrer uns auch nicht die gigantische Datenmenge anschauen. Wie oft wir 5 oder 10 oder 15 km/h schneller gefahren sind, als laut Navigationssystem und Kartenanbieter zulässig wäre, können wir nicht mehr prüfen. Die alten Karten gibt es nicht mehr, die Baustellen auf unseren Strecken sind aufgehoben und das Programm verwendet so viele Berechnungen, dass es in unseren Kopf nicht mehr reingeht.

---

[28] Jörg Dräger, Ein TÜV für Algorithmen, Handelsblatt Nr. 160 vom 24. August 2017, S. 48

Wollen wir in einer Welt leben, die wir nicht mehr verstehen? Natürlich nicht.

Manipulationen durch Algorithmen findet man nicht nur im Internet: Wenn der Mitarbeiter einer Bank in seinem Bankcomputer nach einer Geldanlage sucht, dann erhält er nur die Ergebnisse, mit denen seine Bank ein Geschäft machen kann. Unabhängige fachliche Beratung ist hierfür nicht vorgesehen. Der Mitarbeiter kann also in seiner subjektiven Blindheit sagen; „Dieser Fonds XY ist die beste Geldanlage für Sie." Richtig wäre die Aussage, dass der Fonds XY unter den Produkten dieser Bank die nach den Auswahlkriterien des Beraters „beste" Geldanlage ist, dass aber andere Banken und Anlageberater eventuell viel bessere Geldanlagen anbieten könnten.

Diese Manipulationen gelten wahrscheinlich für fast alle Informationen, die man über das Internet abfragen kann. Selbst öffentliche Verwaltungen bieten bei ihrem e-Government vielfach nur die Informationen, mit denen sie hoffen können, Arbeit und Kosten zu sparen.

> Folgende rechtliche Maßnahmen sind für alle Algorithmen zu treffen: (1) volle Transparenz (2) Haftung und Strafe bei fehlerhafter Darstellung (3) laufende Zertifzierung (4) Die letzte Entscheidungtrifft der Mnsch.

Auch in diesem Fall sind die Konsumentenrechte dringend zu stärken:
- Internet-Nutzer müssen erfahren, nach welchen Strategien ein Computersystem Informationen auswählt und wie es Sachverhalte beurteilt.
- Die Transparenz für Benutzer muss in jedem Fall an erster Stelle stehen. Hier ist noch sehr viel zu tun, denn diese Informationen sind heute praktisch überhaupt nicht vorhanden. Wo man viel erreicht hat, das sind Reisekataloge (und entsprechende Internet-Portale) von Reiseveranstaltern (nicht von Reisevermittlern!). Reisevermittler kaschieren ihre Vermittlungsfunktion vielfach, sie garantieren nicht für die angezeigte Information und stellen vielfach die Reise und die Unterkunft beschönigend und unvollständig dar.

Diese Algorithmen bleiben nicht für sich. Sie werden immer mehr ergänzt um selbstlernende Programmteile. Mangels einer vollständigen Forschung nehmen auch hier die Programmierer viele Abkürzungen und Vereinfachungen vor. Zwingt man sie nicht dazu, was heute keiner macht, dann werden die Programmierer, Datentechniker und Datenbank-Ingenieure ihre Leistungen mit den hochtrabendsten wissenschaftlichen Begriffen loben und begründen. Man muss schon selbst solche Themen programmieren, um die Wahrheit zu erfahren.

Leuchtturm 4: Künstliche Intelligenz und Deep Learning

„Durch künstliche Intelligenz wird die globale Wirtschaft bis 2030 um 14 Prozent wachsen – das entspricht einem Umsatz von 15,7 Billionen US-$ …" titelt Ingo Rübenach im November 2017 im Handelsblatt Journal. Andere sagen, Europa muss im Rahmen einer Digitalisierungs-Initiative die künstliche Intelligenz fördern, denn sie wird schon bald Apple, Microsoft und Google überflügeln. Schon heute bestimmen Avatare mit Künstlicher Intelligenz unser Leben, etwa bei der Google-Suche oder wenn wir mit der Diktierfunktion von Android unsere Mails, WhatsApp-Nachrichten, SMS verfassen.

Vince Penkoke, ein ehemaliger pensionierter FBI-Mitarbeiter, der in Kolumbien durch seine Recherchen ein Drogenkartell auffliegen ließ, will das Leben der Anne Frank rekonstruieren. Hat damals während der Nazi-Herrschaft wirklich niemand in der Umgebung des Verstecks der acht Juden, im Dachgeschoss einer Häuserzeile mit dichter Bebauung, über Jahre nichts gemerkt? Hat ein Bekannter der Familie schließlich das damals für die Verhaftung von Juden ausgepriesene Kopfgeld gewollt und sie verraten? Am 4. August 1944 wurde sie mit ihrer Familie festgenommen. Und als Hilfsmittel der Unterstützung dienen Big Data und Künstliche Intelligenz. So will man die Fülle der Dokumente und Daten erschließen.[29]

Die Themen in diesem Kapitel betreffen Software-Lösungen. Überall wo es um Software-Lösungen geht muss klar sein, dass riesige Computerleistung bereitstehen muss. Ein einzelner Computer ist praktisch hilflos, wir benötigen ganze Rechnerfarmen in Höchstleistungsrechenzentren. Tausende bis Hunderttausende Computer arbeiten hierbei parallel an der Lösung von Problemen. Das ist schon deshalb nicht einfach, weil es schwer genug ist, eine Aufgabe so zu zerlegen, dass sie durch parallele Arbeit von mehreren Computern schneller erledigt wird als durch die Arbeit eines schnellen Computers.

Künstliche Intelligenz (KI) / Artificial Intelligence (AI)

KI/AI sind im Grunde bekannte Themen aus der Vergangenheit. Der Mathematik-Professor John McCarthy (geb. 4. September 1924) hat zusammen mit anderen Wissenschaftlern seiner Zeit dieses Thema angestoßen, als er sagte, er wolle studieren, wie man das menschliche Lernen und jede andere Art von Intelligenz mit Rechenmaschinen simulieren könnte.[30] In den folgenden Jahren wurden eine ganze Reihe von Strategien (wenn sie programmiert sind nennt man sie Algorithmen) entwickelt, um dieses Ziel zu erreichen. 1987 hat Baden-Württemberg das erste „Forschungsinstitut für anwendungsorientierte Wissensverarbeitung (FAW) Ulm" im Sinne eines KI-Instituts als Stiftung des öffentlichen Rechts zusammen mit baden-württembergischen Firmen eingerichtet. Das FAW hat viele innovative Projekte realisiert und große Anerkennung gefunden, KI-Projekte im eigentlichen Sinne waren kaum darunter. Letztlich, so schätzte es ein IBM-Manager ab, entstand der Fortschritt der letzten 10 Jahre bei der KI/AI zu 2/3 durch schnellere Computerprozessoren, 20% trugen die größeren und schnelleren Datenspeicher bei und lediglich 10% entstanden durch bessere Algorithmen. Als

---

[29] https://www.theguardian.com/books/2017/oct/02/ex-fbi-agent-opens-cold-case-review-into-who-betrayed-anne-frank (Abruf am 29.11.2017)
[30] Communications of the ACM, July 2017, Vol. 60, p. 19ff

am 19. Juli 2017 China sein Ziel verkündete, bis 2030 weltweit bei KI/AI führend sein zu wollen, wurden genau diese Erfolgsparameter auch genannt.

In unserer Zeit erlebt KI/AI einen enormen Aufschwung. Für alle ist das überzeugendste Ziel das **autonome Fahren**. Damit könnte endlich der Witz Realität werden, in dem ein voll Trunkener zu seinen Freunden sagt: „Tragt mich in mein Auto, Ich fahre euch alle nach Hause.". Apple Chef Jim Cook sagte im Juli 2017, dass das autonome Fahren für seine Firma nur ein AI-Projekt sei, andere sog. **Avatare** (Apps/Programme arbeiten für uns als Agenten. Gemeint sind nur Apps, die menschliche Fähigkeiten erheblich erweitern.) könnten die menschliche Autonomie in weiteren Anwendungsgebieten ebenfalls erweitern. An was er dabei denkt, gibt er nicht preis.

Bekannt ist aber, was seit Jahren im Gespräch ist. Avatare sollen unsere E-Mail-Flut für einen raschen Überblick ordnen und möglichst viele E-Mails automatisch in unserem Sinn beantworten. Avatare sollen unsere Geschäfts- und Privatreisen unter strikter Beachtung unserer Vorlieben organisieren. Auch könnten sie Hochzeiten und Partys aller Art ausarbeiten und organisieren bis zur Erteilung von rechtlich verbindlichen Aufträgen an den Caterer. Geldanlage, Versicherungs-Checks und vieles mehr zeigen, wo die Reise mit AI/KI hingeht. Am 22. August 2017 publizierten Forscher der McGill University in Canada, dass auf der Basis einer einzigen Aufnahme des Gehirns ein KI/AI-Programm zwei Jahre vor Ausbruch einer Demenz-Erkrankung diese vorhersagen könne. Gerade im medizinischen und psychologischen Bereich erwarten Experten deutliche Qualitätsverbesserungen durch AI/KI-Systeme.

1.800 Ingenieure würden bei Apple an den Projekten arbeiten, hieß es. Wieso ist das so aufwendig? Das Computersystem für das autonome Fahren muss viel können. Es findet seinen Weg noch gut dort, wo das Navi funktioniert und die Straßen korrekt erfasst und angezeigt werden. Sobald das Navi nicht mehr funktioniert und vielleicht zudem noch unorthodoxe Verhaltensweisen der Verkehrsteilnehmer zu beachten sind, etwa weil ein Fußgänger durch die Tiefgarage rennt, dann muss das KI/AI-System des autonomen Fahrens extrem schnell komplexeste menschliche Überlegungen fehlerfrei simulieren. Kein Wunder, dass derzeit vor allem Assistenzsysteme zum gut unterstützten teilautonomem Fahren zur Verfügung gestellt werden.

Produkthaftung ist ein scharfes Schwert, das bei zu früher Marktfreigabe eines solchen KI/AI-Produkts enorme Haftungsrisiken für die Software-Lieferanten und die Kfz-Hersteller auslöst. Hinzu kommt, dass diese KI/AI-Programme ständig aktualisiert werden müssen. Die Fehlerquote ist hoch und bei massenweisem Einsatz fallen viele Fehler auf. Diese Updates sind dringlich und benötigen laufend einen blitzschnellen Internet-Zugang, sonst verfälschen sie lebenswichtige Anfragen und dauern ewig. Während des Updates ist das Fahrzeug lahmgelegt.

Die Erfolge der KI/AI sind auf den einzelnen Anwendungsgebieten ganz unterschiedlich. Eines gab es jedenfalls nicht, obwohl manche Journalisten meinen, das sei anders. Ein **intelligentes Gespräch mit einem Computersystem**, egal wie kurz, wie groß, ist immer noch nicht möglich und es zeichnet sich auch nicht ab, dass sich dies in absehbarer Zeit ändern wird. Wenn ein Auto beim Fahren mit dem Fahrer spricht, ist das keine große Computerleistung. Besser ist schon, wenn der Computer gesprochene Sprache in Texte umsetzt. Das kann jeder mit seinem Android- oder Apple-Smartphone selbst ausprobieren. Die Erkennungsrate ist beeindruckend gut, mein Android übersetzt sogar schwäbisch gesprochene Sätze in hochdeutsche Sätze[31]. Aber wer glaubt, ein Sehbehinderter könne mit der Sprachsteuerung sein Handy steuern und Mails diktieren, sich Mails in einer im Alltag brauchbaren Weise vorlesen lassen usw., der merkt schnell, dass diese Erwartung völlig überzogen ist. Mit „Google Now" lässt sich bei bestimmten Android-Launchern[32] als Beta-Version eine Spracherkennung so installieren, dass Android in jeder Lage mit „OK Google" aktiviert werden kann. Befehle wie „Mach ein Foto", „Schalte WiFi an", „Öffne <Name einer App>" lassen sich dann Funktionen auslösen. Doch ein Sehbehinderter benötigt immer wieder eine Rückkopplung, was das Android-Smartphone im jeweiligen Zeitpunkt (noch nicht ausreichend) leistet. Es muss eine diktierte Mail auch wieder vorlesen können, eine Korrekturfunktion zulassen und weiteres Feedback geben. Davon sind die Sprachassistenten noch sehr weit entfernt. Wahrscheinlich muss man dafür die gesamte Smartphone-Benutzung völlig neu konzipieren und programmieren. Trotzdem: Der aktuelle Stand beeindruckt. Und mehr wird stufenweise kommen.

Viel weiter ist der KI/AI-Fortschritt bei dem sog. **maschinellen Beweisen von mathematischen Theoremen**. Hier sind Fortschritte erzielt worden, die das menschliche Erkenntnisvermögen in der Mathematik erheblich erweitert haben. Viele der bewiesenen Theoreme hätte ein Mensch in seinem Leben nie ausarbeiten können. Allerdings muss man spezialisiertes mathematisches Computer-Wissen besitzen, um mit diesen Programmsystemen arbeiten zu können.[33]

Wie KI/AI funktioniert, erkennt man am besten, wenn man beispielhaft ein künstlich intelligentes Computersystem entwirft. Als Beispiel wählen wir ein **medizinisches Diagnosesystem**, das Patienten, die neu in eine Arztpraxis oder Klinik kommen, anhand eines sprachlich geführten Dialogs grob einteilt in die medizinischen Spezialbereiche, die zur fachärztlichen Diagnose herangezogen werden müssen. Das hört sich doch recht einfach an. Falls das System Fehler machen würde, wäre dies nicht so schlimm, denn der Patient kommt gleich nach der computergesteuerten Diagnose zu einem menschlichen Arzt. Welche Komponenten müsste dieses offenbar aus menschlicher Sicht sehr einfache und noch wenig produktive System haben?

Erstens müsste dieses Diagnosesystem die **Sprache der Patienten verstehen**. Das wäre in unserem Fall Deutsch, einschließlich der medizinischen Fachbegriffe, einschließlich der für jede Altersgruppe üblichen umgangssprachlichen Umschreibungen von Krankheiten und Beschwerden. Schon diese Komponente ist bereits nicht ganz einfach, weil etwa im süddeutschen Raum eine immense Vielfalt von Ausdrücken üblich ist, die erst erfasst und geordnet werden müssen. „Im meinem Kreuz zieht's immer so.", „Wenn ich nach hinten schaue, das geht einfach nicht so wie früher.", „Sehen tu ich gar nichts mehr.", „Ich habe sicher das gleiche wie meine Nachbarin. Die hat Ödeme.", sind ein paar Beispiele.

Damit kommen wir zum zweiten Teil unseres KI-Diagnosesystems. Wir müssen nicht nur die einzelnen Ausdrücke sammeln sondern diese **Begriffe zusätzlich inhaltlich strukturieren**. Man verwendet dazu heute beispielsweise sog. **Ontologien**, mit denen die Wissenschaftler Oberbegriffe, Unterbegrif-

---

[31] … und kann damit mehr als die Schwaben, die in Ihrer Eigenwerbung sagen: „Wir können alles außer Hochdeutsch".

[32] „Launcher" sind bei SAMSUNG / Android Programme, die die Oberfläche von Android darstellen. Jede Nutzer dieser Technik kann unter verschiedenen Launchern sich einen aussuchen.

[33] Hofbauer, Dieter, Kutsche, Ralf-Detlef, Grundlagen des maschinellen Beweisens, Vieweg

fe, Synonyme, teilweise sich überschneidende Begriffe und ihre Abbildung auf die medizinischen Fachbegriffe darstellen.

Ontologien müssen, um überhaupt bei der Fülle des komplexen Materials zu einem Ergebnis zu kommen, standardisiert beschrieben und im Team renommierter wissenschaftlicher Institute erstellt werden. Ontologien und Sprache unseres einfachen KI/AI-Diagnosesystems müssen in einer sauber strukturierten und leistungsfähigen Datenbank gespeichert werden, um eine halbwegs akzeptable Antwortzeit bei dem Patienteninterview sicherzustellen. Die ersten beiden Komponenten leisten für die Diagnose noch nicht viel, denn sie beschreiben lediglich medizinische Sachverhalte.

Intelligenz bedeutet aber, dass auch aktiv gedacht wird, also Schlussfolgerungen vorgenommen werden. Die dafür notwendige dritte Komponente: **Suchtechnik**. In der großen Datenbank muss immer das Wissen gefunden werden, das aufgrund des Interview-Kontexts voraussichtlich einschlägig ist.

Wurde das gefunden, dann muss anhand einer **Datenbank mit Regeln zur Schlussfolgerung**, unsere vierte Komponente, aus dem gefundenen Wissen gefolgert werden, welche Fachärzte heranzuziehen sind. Dazu erarbeitet das Computersystem Hypothesen, etwa dass ein Onkologe (Facharzt für Krebskrankheiten) konsultiert werden muss.

> Ein **Beispiel** für fachliche Schlussfolgerungen, deren Anwendung die oft wochen- und monatelange Suche nach einen bestimmten Blutkrebs beschleunigen würde, ist folgendes:
>
> FALLS
> Der Patient klagt über extreme Schmerzen im Rücken ODER Der Patient klagt über Knochensinterung ODER Der Patient hat eine starke Osteoporose (Osteolysen)
> DANN
> (1) Messe Kappa- und Lambda-Leichtketten im Blut
>   FALLS Kappa-Leichtketten oder Lambda-Leichtketten außerhalb Normbereich
>   DANN Alarmiere Hämatologe wegen Plasmozytom / Multiplem Myelom
> (2) Teste Blutkrebs durch weitere Fragen
> ....

Das Interview muss so geführt werden, dass eine einmal gefundene Schlussfolgerung nochmals getestet wird, ob sie wirklich zutrifft. Führt die Antwort auf eine solche Testfrage oder die Antwort auf eine in einem anderen Kontext gestellte völlig andere Frage zu dem Ergebnis, dass es sich keinesfalls um eine Krebserkrankung handeln kann (etwa weil ein Blutwert dies ausschließt oder der Patient offensichtlich simuliert), dann nehmen die Schlussfolgerungs-Komponenten die früher getroffene Hypothese wieder zurück. Das KI-Diagnosesystem verwirft dann alle bisherigen Ergebnisse (oder stellt sie in einem alternativen Speicherbereich vorsorglich beiseite) und beginnt neu mit einer anderen Hypothese. Dieses Zurücksetzen nennt man Backtracking. Diese selbstverständlich häufig angewandte Technik für die vielen Verästelungen der automatisierten Analyse (der Computer kann trotz allem ja bloß stupide Fleißarbeiten erledigen) macht plausibel, dass ein KI/AI-System eine enorme Rechenleistung benötigt. Neben den medizinischen Schlussfolgerungen, die in einer eigenen Datenbank gespeichert sind, verwendet ein KI/AI-System in jedem Fall auch die formalisierten Regeln der klassischen Logik[34] und der sog. Prädikatenlogik[35]. Hoffen wir, dass das KI-Diagnosesystem mit den Antworten des Patienten etwas anfangen konnte.

Schließlich muss eine fünfte Komponente das **Ergebnis der medizinischen Patienten-Interviews nachvollziehbar präsentieren**. Das ist wichtig, denn ein menschlicher Facharzt, zu dem der Patient nach dem KI-Interview kommt, könnte sich wundern, wieso das KI-Diagnosesystem eine bestimmte Erkrankung vermutet. Könnte er sich nicht informieren, warum es dazu kam, dann würde er – vielleicht übermüdet - eventuell die richtigen Ergebnisse des KI-Diagnosesystems außer Acht lassen und der Patient würde zumindest anfangs unvollständig behandelt. Ähnlich negative Auswirkungen hätte eine automatisierte falsche Diagnose. Fazit: Die verständliche Darstellung der Ergebnisse des maschinellen, mit Algorithmen gesteuerten Denkens ist enorm wichtig.

> AI/KI-Systeme verändern sich durch Updates im Laufe der Jahre grundlegend. Ihre Ergebnisse müssen deshalb ständig kritisch bewertet werden.

Ich betone das, denn genau an dieser Stelle, bei der Wartung, schlampert erfahrungsgemäß die Praxis bei jedem Computerprogramm. Wenn ein Computerprogramm mehrere Jahre lang befriedigend funktioniert, dann werden seine Ergebnisse immer unkritisch hingenommen. Das ist völlig falsch, denn im Laufe der Jahre wandelt sich aufgrund der ständigen Wartung und Fortentwicklung jedes Computersystem. Der Name bleibt, aber die Funktionsweise wird ganz anders. Deshalb müssen alle Ergebnisse von Computern immer kritisch gesehen werden.

Weitere realistische Beispiel für KI/AI-Systeme sind Computersysteme, die Empfehlungen zur Geldanlage, zum Erwerb von Immobilieneigentum (Hausbau? Eigentumswohnung? Worauf ist jeweils zu achten?) oder zur Berufswahl oder zu Versicherungen abgeben. Wichtig für die Wirtschaft sind KI/AI-Systeme, die bei der Fehleranalyse von komplexen Produktionsprozessen oder einzelnen Maschinen helfen (z.B. Wieso bricht ein Rührlöffel einer Küchenmaschine in 80% der Fälle in der Mitte bei einem Stab?) und darauf aufbauend technische Verbesserungen oder Reparaturanleitungen ausarbeiten. Natürlich denken viele Personalchefs und Psychologen auch daran, so Menschen zu bewerten und auszusieben. Professoren wollen mit solchen Systemen automatisiert Doktor- und Masterarbeiten auf Plagiate und die Richtigkeit der Zitate und Fußnoten untersuchen.

Das einfache Beispiel des KI-Diagnosesystems zeigt bereits, was bei KI/AI besonders wichtig ist:

- Der fachliche Sachverhalt muss bezüglich der Sprache, der Inhalte und der fachlichen Schlussfolgerungen korrekt erfasst werden.

- Jeder Nutzer muss vollständig und verständlich erfahren, wie das KI/AI-System zu seinen Schlussfolgerungen gekommen ist.

- Niemand darf gezwungen werden, die Ergebnisse eines solchen System zu akzeptieren, ohne

---

[34] Die klassische Logik behandelt zu den A... „nicht a" und „aus a folgt b" (entspricht „„...
[35] Die Prädikatenlogik ergänzt die klassisch... s y so dass (wenn x eine Krankheit ist, das y ei... so eingesetzt werden: Es gibt ein x so dass x e... heit akzeptiert. X = Burn Out könnte sowas...

> Folgende rechtliche Maßnahmen sind bei KI/AI zu treffen: (1) volle Transparenz (2) kein Zwang zur Akzeptanz der Ergebnisse und Recht auf Löschung ohne Nachteile (3) Zertifzierung (4) strenge Strafen

dass er sich an einen menschlichen Fachmann wenden kann, der fachlich und aufgrund seiner formalen Kompetenzen die Ergebnisse des KI/AI-Systems völlig verwerfen und sie löschen lassen kann.

- Allgemein eingesetzte KI/AI-Systeme müssen von unabhängigen Fachleuten geprüft und zertifiziert werden („KI-TÜV"). Änderungen am System (minimale Änderungen an der Sprache, an Schlussfolgerungen usw.) müssen immer wieder zu einer neuen Zertifizierung führen.
- Eine fehlerhafte Darstellung oder ein unrechtmäßiger Einsatz solcher Systeme muss streng bestraft werden.
- Die Benutzer der AI/KI-Systeme müssen sachgerecht fortgebildet werden.

Deep Learning („tiefgehendes Lernen")

Wenn Menschen etwas lernen, verändern sie ihr Bewusstsein und ihre sozialen Kompetenzen. So haben etwa Kinder ein wirkliches Größenverständnis von Zahlen erst ab einem bestimmten Alter, etwa mit 10 oder 12 Jahren. Oft trifft man Menschen, die auch mit mehr als 20 Jahren noch kein Zahlenverständnis haben. Sie denken, 5 Cent Mehrpreis auf 50 Cent seien irgendwas um 1 oder zwei Prozent. Zum Schwur kommt es, wenn man einen Häuslebauer fragt, wie viel sein 300.000 Euro teures Haus bei einem Zinssatz von 3 Prozent und einer Tilgung von 1 Prozent letztlich kostet. Da mir damals, als ich und meine Kollegen unsere Immobilie für unsere Familie kauften, die abenteuerlichsten Finanzierungsmodelle vorgeschlagen wurden, habe ich meinen Kollegen ein kleines Programm geschrieben, das Jahr für Jahr die Restzahlungen und die bis dahin geleisteten Gesamtzahlungen ausrechnete. Daraufhin waren sich alle einig: Wir müssen den Kredit so schnell wie möglich abzahlen und mal ein paar Jahre auf den Urlaub verzichten. Das ist Lernen.

Ein Computer lernt anders. Lernen setzt voraus, dass der Computer wie bei neuronalen Netzen durch eine ständige Rückkopplung sein Wissen korrigiert, schärft und verfeinert. Das ist aber nur die Ansammlung von Fakten. Bewusstsein entsteht bei einem Computersystem natürlich nicht. Man wüsste heute gar nicht, wie man das programmieren könnte. Und dabei müssen wie bei den KI/AI-Systemen die Datenbanken für die Sprache, die inhaltliche Beschreibung und das Erklärungssystem für die Schlussfolgerungen fortgeschrieben werden. Kein Wunder also, dass selbst dieses tiefe Lernen im so bescheidenen Sinne des Faktensammelns, also ohne Bewusstseinsbildung, erst am Anfang steht.

Deep Learning ist demnach ein zu hochtrabender Begriff. Tiefgehend ist nur die Datensammlung. Gegebenenfalls kommt noch eine laufend Optimierung der Daten- und Programmstruktur dazu. Zweifel darf man anmelden, dass diese Änderungen laufend kritisch überprüft werden. Wenn dieses Computersystem im Großen und Ganzen so funktioniert, dass es von den Betroffenen nicht vehement und offensichtlich bestritten wird, dann wird sich kaum mehr jemand mit dem System befassen. Das ist keine Unterstellung sondern die Extrapolation der Erfahrung, die man mit der früheren Assembler-, COBOL- und Datenbankprogrammierung gemacht hat. Die Programme ließ man laufen, die jeweiligen Programmierer wurden für andere Projekte eingesetzt oder befördert. Einige kündigten und gingen zu anderen Arbeitgebern. Das Ergebnis nach gut fünf Jahren war, dass es niemand mehr gab, der diese Programme pflegen (aktualisieren, warten) konnte. Die Programme liefen zum Teil über 15 Jahre, teils heute noch. Das war natürlich schlicht schlampig und rechtswidrig. Die Datenschutzgesetze verlangen beispielsweise, dass Programme zur Verarbeitung von personenbezogenen Daten vollständig und verständlich dokumentiert sind. Davon konnte und kann heute keine Rede sein. Die vorhandene Dokumentation war für Spezialisten verständlich, die sich in Assembler und COBOL auskannten. Ihre Nachfolger, die nie so tief in die Computertechnik eingestiegen waren, konnten damit nichts mehr anfangen. Folglich ist eine zu ihrer Zeit gute Dokumentation im Laufe der Modernisierung der Informationstechnik völlig wertlos geworden. Das wird uns in der Zukunft immer mehr passieren. Der technologische Wandel wird künftig schneller und tiefgreifender.

Experten überlegten Ende 2017, wo die KI/AI in 2018 am meisten Erfolge haben wird. Folgende Anwendungsgebiete erschienen ihnen realistisch:

- Im Bereich der Medizin - Behandlung, Diagnose, Pharmazie – wird großes Potential und ein baldiger Markteintritt gesehen.
- Maschinenbau, Ingenieurwesen, Design und Simulation dürften ebenfalls bald folgen. Nehmen wir ein so einfaches Ding wie einen Rührbesen etwa für Maler zum Mischen von Farben. Solche Produkte brechen immer wieder an einer bestimmten Stelle. Welche Stellen das sind, lässt sich nur statistisch erkennen. Die Kosten sind hoch, denn Reklamationen bringen keinen Gewinn. Mit intelligenter Simulation kann eine höhere Produktqualität erreicht werden. Noch etwas: Wenn die Entwickler eines Produkts etwa aus Altersgründen die Firma verlassen, gehen einige Firmen dazu über, deren Wissen elektronisch zu erfassen. Damit ist es nicht verloren. Geschickt formatiert, ist dieses Wissen eine Basis für AI/KI und Neuronale Netze.
- AI/KI ist heute schon, etwa beim Diktieren von E-Mails, am Smartphone angekommen. Dass weitere Avatare dazu kommen, ist zu erwarten. Dass die vorhandenen Funktionen noch ausgereifter werden, ist selbstverständlich.

Nochmals zur Erinnerung: Für die europäische Industrie ist wesentlich, dass sie Anwendungen auf den Markt bringt, die viele Benutzer haben. Nur so kann das AI/KI-System in großem Umfang tiefgehende Lernergebnisse produzieren.

Vernetzte Digitalisierung und juristische Begriffe dazu

Englische Wörter verwenden unsere Werbespezialisten am laufenden Band, obwohl sie oft falsch verwendet werden und die Zielgruppen sie nicht verstehen. Die Filmtitel im Fernsehprogramm meines Internet- und Fernsehanschlusses mit Telekom T-Entertain (welch ein Begriff!) sind zu etwa der Hälfte in englischer Sprache. Cloud, Artificial Intelligence, Defender, Google Home, Security Update und Major Release sind alles Begriffe, die ein Benutzer der Informationstechnik für Privathaushalte verstehen müsste, wollte er die angebotenen Dienste voll nutzen. Ich bezweifle, dass diese Begriffe breit verstanden werden. Wie gut, dass das Persönlichkeitsrecht im Zusammenhang mit Computertechnik (sog. Datenschutz) verständlich und technik-unabhängig formuliert ist.

Technik-unabhängiges Deutsch erklärt vieles Technische

„Jetzt übertreibt mal nicht so!" war ein häufiger Rat, den ich bekam, als ich die Datenschutzbehörde in Baden-Württemberg mit aufbaute. Datenspuren hinterlasse man nicht, sagten mir viele, und auf seine eigenen Daten achte man sehr. Diese, leider falsche, Haltung war denjenigen, die die Datenschutzgesetze geschrieben und hinterher im Parlament beschlossen haben, auch bewusst. Sie legten deshalb einen großen Wert darauf, dass dem Bürger deutlich wurde, wann und wo seine Daten erstmals erhoben werden. Die **Auskunft über die Datenverarbeitungsvorgänge und über die personenbezogenen Daten ist deshalb das Wichtigste!** Jeder muss verstehen können, was hier abläuft.

> Auch wer kein Internet und Smartphone nutzt, hinterlässt eine riesige Menge Datenspuren. Alles kann für und gegen ihn verwendet werden.

Datenerhebung ist, wenn Bürgerdaten, Kundendaten, Mitgliedsdaten usw., also die personenbezogenen Daten, erstmals erfragt werden, um sie in irgendeinem Computer zu speichern. Das muss dem Bürger etwa auf Formularen, Eingaben im Internet oder in Produktbroschüren an geeigneter Stelle erklärt werden, außer wenn dies nicht möglich ist oder der Bürger bei etwas Aufmerksamkeit selbst darauf kommen müsste. Besondere Regeln gibt es auch für die Polizei und den Verfassungsschutz. Ein verdeckter Ermittler oder eine Geschwindigkeitsmessung per Radar kann schlecht den Übeltäter auf die Datenerhebung hinweisen. Radarkontrollen und wo noch werden denn Daten erhoben, ohne dass wir das merken? Massenweise erhoben werden unsere Daten beim Telefonieren und auch dann, wenn wir statt E-Mails lieber „altmodische" Briefe versenden. Weil Briefe nicht mehr von Hand sortiert werden, sondern von computergesteuerten Verteilzentren, werden Adressat und ggf. Absender elektronisch gelesen. Diese Computer können daher registrieren, wie viel Post wir mit welchem Gewicht und welchen zusätzlichen Services (etwa als Einschreiben) wann an wen versenden und von wem wir sie bekommen. Ähnlich ist es beim Telefonieren, selbst wenn man das alte Telefon mit Drehtastatur nutzen würde. Nichts hilft heute noch gegen die Datenerhebung und eine anschließende **Verarbeitung** der personenbezogenen Daten.

Weitere Datenerhebungen hat jeder Halter eines Kraftfahrzeugs hinzunehmen. Der Bordcomputer zeichnet je nach Modell fast alles auf, den Fahrstil, die Wartungsintervalle oder die Anzeigen der Sensoren (Hintere Bremse links abgefahren, Blinklicht vorne rechts defekt) und zumindest die Vertragswerkstätten speichern jeden Werkstattbesuch mit vielen Details. Dazu vertreten sie noch die irrige Meinung, es handle sich hier um die Daten der Hersteller und nicht die Daten der Fahrzeughalter. Wer mit einer Geld- oder Kreditkarte bezahlt hinterlässt natürlich auch enorm viele Datenspuren: Wann hat er wo gegessen, wo übernachtet, wo getankt, wo seine Möbel gekauft? In der Summe sind es riesige Datenmengen. Schon verlangen Kraftfahrtversicherungen, dass sie diese Daten erfahren dürfen, um den braven Fahrern besonders niedrige Versicherungstarife anbieten zu können. Die Datenschutzgesetze benennen jede, und auch diese, Weitergabe von Daten, hier aus den Bordcomputern durch die Werkstätten an die Versicherungen, mit dem Wort **Übermittlung**. Die hier im Absatz fett gedruckten Worte sind Begriffe aus den Datenschutzgesetzen. Dort ist genau gesagt, wann Daten erhoben, verarbeitet oder übermittelt werden dürfen und was diese Begriffe jetzt wirklich ganz, ganz genau bedeuten. Diese Vorschriften gibt es auf der Ebene der EU, des Bundes, der Länder und der Kommunen. Auch Privatfirmen erlassen sehr oft solche Regelungen. Wer also etwa Facebook, ein Smartphone mit Apps nutzt oder einen PC von Apple, Microsoft oder einen selbst gebastelten mit UNIX-Komponenten sollte die dort überall vorhandenen Regelungen zum Datenschutz lesen.

Gefangen im Netz – Irrgarten mit Ausgängen

Wie gesagt: In der Summe sind es riesige Datenmengen. Wo sind die denn und wie verarbeitet man riesige Datenmengen? Das sind in der Tat große technische Leistungen, die wir noch genauer anschauen werden. Doch hier mal so viel: Die Daten werden in riesigen Rechenzentren mit Hunderttausenden von Computern gespeichert und verarbeitet. Das geschieht nach ganz klaren und den Technikern dort völlig bekannten Regeln. Beherrschbar und profitabel ist das nur, wenn penibel genau gearbeitet wird.

> Vereine können ihre Mitgliederverwaltung mit Allem, was Gesetze verlangen, aus einer <u>Cloud</u> heraus nutzen. <u>Big Data</u> macht u.a. die Statistiken und die Steuer.

So ein riesiger und streng strukturierter Speicher in einem Rechenzentrum heißt **Cloud**. Wenn dieser Speicher nur von einem einzigen Unternehmen benutzt wird und die Cloud unter der alleinigen Kontrolle dieses Unternehmens läuft, nennt man die Cloud eine „Private Cloud". Falls mehrere Unternehmen die Cloud eines Dienstleistungsanbieters nutzen, spricht man von einer „Public Cloud (Öffentliche Cloud)". Die Cloud ist also nicht, wie viele Scharlatane immer wieder weißmachen wollen, eine Wolke, in die niemand hineinschauen kann und von der niemand weiß, wie sie funktioniert. Ganz im Gegenteil. Die Techniker in diesen Rechenzentren finden es langweilig, über so etwas zu reden, denn es ist ja so simpel. Öffentliche Clouds sind übrigens sicherer als private Clouds. Der Grund ist, dass die Anbieter öffentlicher Clouds erheblich mehr standardisieren und testen müssen, um wirtschaftlich über die Runden zu kommen.

Weil viele ganz verschiedene Unternehmen und Behörden auf so eine Cloud zugreifen wollen, um Daten einzuspeichern, heraus zu holen und weiter zu geben an andere Organisationen (also zu übermitteln im Sinne der Datenschutzgesetze), ist eine Cloud ein sicher und einwandfrei funktionierender, gut dokumentierter technischer elektronischer Speicher. Die Verarbeitung dieser Datenmoloche in der Cloud erfolgt durch eine Technik, die **Big Data** heißt. Big Data umfasst die Technologie zur Speicherung großer Datenmengen und zur Auswertung dieser Datenfülle. Auch das ist grundsätzlich nichts Verwerfliches. So kann eine solche Cloud, in der Ärzte und Kliniken alle ihre Diagnosen und die jeweils versuchten Therapien mit der Erfolgsquote speichern mit Big Data ausgewertet werden, wann immer ein Patient vor einem Arzt erscheint. Der tippt seine Diagnose „Knochenschmerzen bei beginnendem Bandscheibenvorfall" in den Computer ein und er erfährt sofort, im Zeitraum eines

Augenblinzelns, dass die Therapie mit – sagen wir mal[36] - Aspirin in 22,3% der Fälle geholfen hat, die mit Paracetamol in 47,2% und in den restlichen schweren Fällen immer Tilidin verabreicht worden ist. In 7,9% der Fälle habe man den Erfolg nicht erfahren, weil der Patient den Arzt gewechselt hat. Ein anderes Beispiel sind die von Einkaufszentren gespeicherten Kassenzettel. Sie erlauben den Supermärkten unter anderem festzustellen, welche Produkte im Zusammenhang mit anderen gekauft werden.

Big Data erfordert einen Speicher, in dem die vielen Daten zum schnellen Zugriff bereit stehen. Außerdem muss der Datenberg so strukturiert werden, dass der Computer gleich findet, was er sucht. Die dafür notwendigen Datenstrukturen liefern die Datenbanken seit vielen Generationen der Computertechnologie. In der Regel wird über einen raffiniert organisierten Index in die Nähe der gesuchten Daten zugegriffen und dann wird eine kurze sequentielle Suche zum gesuchten Einzeldatum führen. Wenn die Daten sich wenig ändern, also wie bei medizinischen Daten im Grunde immer nur neue Daten dazu kommen, lässt sich das einfacher organisieren, als wenn die Daten in der großen Datensammlung ständig im Fluss sind wie etwa bei den Aktiendaten während der Handelstage an der Börse.

Als man von mir in einer hitzigen Diskussion einmal forderte, eine Computertechnik zu entwickeln, die keine Nachteile hat, sagte ich dies zu, sobald man mir ein Brotmesser zeigt, mit dem niemand erstochen werden kann. Da war die Diskussion sofort vorbei. Heute heißt es, man solle die Computertechnik so wie jede andere Technik standardisieren. Gute Idee, aber wir haben bei WPA2 erfahren, dass die Standards Sicherheitslücken hatten. Kurt Gödel grüßt!

> Das Brotmesser, mit dem man niemand erstechen kann, gibt es nicht. So gibt es auch keine harmlose Datenverarbeitung.

Natürlich können Clouds und Big Data auch verbrecherisch genutzt werden. In versteckten Bereichen des Internets können große Datenspeicher mit kinderpornografischen Bildern und Videos (durch einen geheim gehaltenen Namen) auf sog. **Dark Sites** und obskuren Anmeldevorgängen versteckt werden. Menschen, die das Ziel haben, die Computer Anderer anzugreifen (sog. Cyber War, Hacker [gesprochen: Häcker], Manipulation von Wahlkämpfen, Verbreiten falscher Nachrichten [Fake News]) speichern in Clouds vorgefertigte Computerprogramme, mit denen man diese Angriffe in tausenden von Varianten ausführen kann. Geld wird so erpresst, Firmen geschädigt und verheerende Kriege werden so gegen Länder geführt. All dies ist schon mehrfach vorgekommen und heute fast so norma und einfach wie das Einstellen eines Videorekorders. Ich hatte eine Zeitlang auf meinen PC ein Programm installiert, mit dem man diese Attacken angezeigt bekam. Jede Stun-

> Warum immer schnellere Computer? In den 1970er Jahren kostete der schnellste Siemens-Großrechner mit 1 Million Befehle pro Sekunde ziemlich genau 1 Million Mark. Heute hat jedes billige Telefon und jeder billige Notebook die mehr als tausendfache Leistung zu einem Spottpreis.

de hatte ich etwa zwei bis zehn aggressive Angriffe. Natürlich kann man sich dagegen schützen und jeder von uns schützt sich hoffentlich auch mit Updates dagegen. Wie das geht und was man dabei beachtet wird auch noch genauer besprochen.

---

[36] Die Prozentzahlen hier sind lediglich zur Veranschaulichung eingefügt.

Netze sind nicht nur Kabel sondern auch in der Fläche verteilte, leistungsfähige Computer

Die Vogelperspektive auf unsere vernetzte Alltagswelt sieht auch die Netze. Was ist ein Netz? Welche Netze gibt es denn? Ein Netz ist die Verbindung von speziellen Netzcomputern durch Kupfer- oder Glasfaserkabel oder durch Funktechnik. Kabel kennt jeder. Was die Netzwerktechniker mit einem simplen dünnen Kupferkabel alles hin bekommen raubt uns jedoch den Atem. Mein Internet-Anschluss an das T-Entertain-Netz der Telekom läuft über ein paar dünne und verzwirbelte Kupfer-drähtchen. Jedes Mal, wenn ich da was installieren muss, halte ich den Atem an, dass nichts abbricht. Über diesen altmodischen Anschluss empfange ich ein riesige Anzahl von TV-Programmen, vernetze die mehr als zehn Notebooks, Tabletts und Smartphones der Familie samt Hausmanagement-Computer und wir nutzen sie parallel mit Hochgeschwindigkeit. Alles geht ruckizucki, kein Bandbrei-tenproblem ist erkennbar.

Das liegt sicher nur zu einem kleinen Teil an den Kabeln und zum größten Teil an den Netzcompu-tern. Die sind in der Tat vom Feinsten. Sie verbinden extrem schnelle optische Netze (Glasfasernet-ze), in denen Daten mit extremer Geschwindigkeit über bestimmte Farben des zur Datenübertragung verwendeten Lichts zwischen den Hoch-Performance-Netzcomputern und meinem kleinen im Ver-gleich dazu ganz lahmen PC. Da müssen Daten aus den schnellen Datenströmen herausgefiltert wer-den, für mich zur langsamen Abnahme bereitgehalten werden. Wenn ein Netzcomputer ausfällt, müssen die anderen blitzschnell wissen, wie sie den kaputten Computer der Netzüberwachung mel-den und wie sie ihn ersetzen, indem sie ihn zuerst einmal umgehen. Das alles haben die Netz-werktechniker natürlich schon im Voraus überlegt und das läuft dann in Minibruchteilen von Sekun-den ab. Wenn ich meinen Notebook zuklappe, weil mich die gerade eben noch abgefragten Ferien-häuser nicht mehr interessieren, denn meine Frau hat gerade eine leckeres Essen vor mich hinge-stellt, dann muss der Netzwerkrechner dies auch erkennen. Er muss die vom Ferienhaus-Server ange-lieferten Daten wegwerfen und dem dortigen Server sagen, dass ich nicht mehr erreichbar bin.

Kurzum: Netzwerkcomputer sind extrem schnell und sie wissen, wie sie auf die aller ungewöhnlichs-ten Situationen sofort reagieren müssen, damit kein Video verruckelt, keine Überweisung verloren geht und kein Foto mehrfach im Fotobuch erscheint. Außerdem dürfen sie sich nicht von Hackern oder von sonstigen Kriminellen außer Betrieb setzen lassen. Ein Trick der Kriminellen ist, an einen Sever Millionen oder eher Milliarden von Anfragen zu stellen, so dass der Server sie nicht mehr ver-arbeiten kann. Der Server kommt dann in den sog. Überlastmodus. Der Angriff heißt „Denial of Ser-vice", unterlassene Datenverarbeitung. Das Netz muss den Server schützen und der Server muss sich selbst auch schützen. Das geht, wenn diese kriminelle Datenflut rechtzeitig weggeworfen (gelöscht) wird. Man muss heute davon ausgehen, dass die teuren Netze der Netzanbieter (wie etwa der Tele-kom) in vielen Teilen zu mehr als 50% durch kriminelle Aktivitäten belastet werden.

Immer wieder höre ich: „Nun sagt mir doch mal, wieso der Datenschutz für mich wichtig ist. Ich tu doch nichts. Nirgendwo bin ich registriert. Kein Mensch interessiert sich für mich. Meine Post schreibe ich von Hand und verschicke Briefe wie eh und je." Die Antwort hat sich der Autor John Twelve Hawks (ein Pseudonym) systematisch überlegt. In seinem Buch „Traveler"[37] beschreibt er im Rahmen eines packenden Krimis, was jemand tun müsste, wollte er der Datenspeicherung und Registrierung wirklich entgehen. So wird niemand leben wollen.

Für diese Frager habe ich die nachfolgende Abbildung erarbeitet. Und die Antwort ist: Heute ist jeder bis ins kleinste Detail registriert, auch wenn er einen Oldtimer ohne Elektronik fährt und das einfachste Telefon nutzt, das man noch kaufen kann. Die Post registriert jeden Brief, den er verschickt, denn Computer sortieren, nicht mehr die „Christel von der Post[38]". Jeder Kfz-Hersteller registriert jede Reparatur mit vielen Daten, aus denen man die Nutzung usw. ableiten kann. Doch hier ein paar wenige Beispiele.

<u>Behörden und öffentliche Infrastruktur:</u>

Krankenhäuser mit Verwaltungsdaten, Standesamt, Kfz-Zulassung und Kraftfahrt-bundesamt, Meldeamt, Bauamt, Ordnungsamt, Schulamt, kommunaler Müll, Strom, Wasser.

Bei schweren Krankheiten wie bei Lungen-, Kreislauferkrankungen und Krebs und Unfällen landen unsere medizinischen Daten in immensen Datenbanken zur mehrjährigen medizinischen Behandlung.

<u>Privatunternehmen wie Versicherungen und Arbeitgeber</u>

Hier werden viele unserer Daten gespeichert, auch weil der Staat immer mehr private Unternehmen mit Regelungen zum Daten sammeln zwingt, statt dass er diese seine Aufgabe in transparenter Weise selbst erledigt.
Arbeitgeber mit komplexen Leistungs-Erfassungs- und Bezahl-Systemen, Verhaltens- und Leistungs-Kontrollen, Banken mit oft lebenslang erhobenen umfangreichen Anlage- und Kreditdaten (als Kind ging man schon zum Weltspartag und blieb dann lebenslang dort: immense Datenberge), Versicherungen mit vielfachem Datenhunger, wie oben mehrfach skizziert.

<u>Was wir unbedacht freiwillig verschenken!</u>

Soziale Netzwerke wie Facebook kennen uns im Detail. Wer meint, sie als Mail-Ersatz verwenden zu müssen, gibt sein Verhalten völlig preis und kann bald gar nicht mehr anders denken, als in der beschränkten Logik dieser sozialen Netzwerke. Mit Kundenkarten von Supermärkten verschenken wir für ein paar Rabatt-Cent unser Verhalten.

Mail & Cloud: Auswertung unserer ganzen Unterlagen wie Briefe, Steuererklärung, Streit mit Anderen, Anschaffungen.

TV: Fernsehverhalten, Nutzung des Rückkanals

---

[37] John Twelve Hawks, Traveller, Verlag Page & Turner
[38] Werbefigur der Post aus den 1970er Jahren

Versicherungen und Kreditkartenfirmen kennen unsere Selbsteinschätzung bei Risiken und und unser Kaufverhalten.

Was sind Sicherheit und Risiko?

Jeden Tag reden wir von Sicherheit und Risiko. Erst wenn man diese Begriffe in einem Gesetz formulieren soll, wird einem klar, wie schwer sie zu beschreiben sind.

„Ich fühle mich nicht sicher." ist eine – sicherheitstechnisch gesehen - inhaltlose Aussage, solange der Gesprächspartner nicht erfährt, welches Schutzgut bedroht ist. Schutzgüter sind etwa unsere Adressdaten, Angaben über unsere Gesundheit, Familiengeheimnisse oder Betriebsgeheimnisse, Vermögenswerte oder unsere Wohnung und der darin herrschende Frieden. Sicherheit erfordert also ein Schutzgut. Wer kein Schutzgut nennen kann, kann auch nicht von erfolgreicher oder fehlender Sicherheit reden.

Ein Risiko ist ein wahrscheinlicher Schaden, der uns bevorstehen könnte. Wenn man mit p die Wahrscheinlichkeit eines Schadens bezeichnet und mit S den maximal möglichen Schaden in einer bestimmten Situation, dann bezeichnet man mit $R = p \cdot S$ das Risiko. Das ist auch der langfristig etwa über 100 Jahr voraussichtlich eintretende Schaden. Ein rasanter Autofahrer, der angibt etwas schneller zu fahren, weil dann sein Unfallrisiko bloß um 5% zunimmt, sollte also mit einem Risiko von 5%/Jahr multipliziert mit dem möglichen Schaden (Personen- und Sachschäden sind hier grob zusammengefasst) von 20.000 Euro folgendermaßen rechnen: $R = 5\% * 20.000\ € / \text{Jahr} = 1000\ €/\text{Jahr}$. R wäre, würden die 5% und die Schadenschätzung realistisch sein, auch der mittlere jährlich anfallende Schaden. Den Schaden schafft unser rasanter Autofahrer schon durch Reifenverschleiß und Felgenschäden beim flotten Fahren an den Bordstein.

Man kann Risiken nicht einfach addieren, denn man muss sie mit Hilfe der Wahrscheinlichkeitsrechnung speziell rechnen. Was man aber als Laie sehen kann, ist das unterschiedliche Verhältnis der Menschen zu einem Risiko. Den Einen lässt es völlig kalt, wie hoch die Wahrscheinlichkeit eines Risikos ist, solange nichts wirklich Bedeutendes auf dem Spiel steht. Den Anderen regt es auf, wenn auch nur der Hauch eines großen Schadens denkbar ist, egal wie gering die Wahrscheinlichkeit ist, dass der Schaden eintritt.

Sicherheit und Risiko sind also sehr persönliche Angelegenheiten und man kann nicht erwarten, dass alle Menschen hierzu dasselbe Verhältnis haben. Das ist ein Grund, wieso selbst an sich banale Datenschutzfragen zu heißen Diskussionen führen können.

Wer gerne den Vergleich der realen Welt mit der Welt der Daten anstellt, könnte folgendermaßen den Datenschutz verinnerlichen. Wenn ich in einer Besprechung meinen Kugelschreiber auf den Tisch vor mir lege, dann wird niemand annehmen, dass er allein dadurch urplötzlich Eigentum meines Sitznachbarn geworden ist, selbst wenn dieser mit meinem Kugelschreiber ungefragt die Anwesenheitsliste für sich ausfüllt. Wenn ich neben meinen Kugelschreiber meine persönlichen Daten mit Anschrift, Geburtsdatum, Angaben, wie ich mich heute fühle und was ich von meinem Chef halte, so auf den Tisch lege, dass mein Sitznachbar sie lesen kann, dann gelten diese Daten als sofort und vollständig weitergegeben (übermittelt) an meinen Sitznachbarn. Komisch oder logisch? Eigentlich ist das völlig logisch. Der Sitznachbar konnte die Daten sofort mit meinem Hinlegen in vollem Umfang zur Kenntnis nehmen (sog. Datenerhebung). Nun kann er sie beliebig verarbeiten, also auf Dauer speichern, verändern, an seine Freunde (und evtl. meinen Chef) weitergeben. Nach Belieben kann er sie an eine Werbefirma verkaufen. Meine Daten sind mir entglitten, davongelaufen. Sie haben Beine bekommen, wie eine E-Mail, die ich aus Versehen an einen falschen Adressaten geschickt habe. Man kann jetzt lange darüber streiten, ob ich wirklich in die Datenübermittlung an meinen Sitznachbarn eingewilligt habe und ob er sie legal erhalten hat. Auf jeden Fall sind meine Daten bei ihm und der Sitznachbar muss auch kein Zeichen geben, ob er sie auf Dauer speichert oder ob er sie gleich wieder vergisst.

Die Datenschutzgesetze sagen genau, wann welche unserer persönlichen Daten wie behandelt werden dürfen. Das fängt bereits bei der **Datenerhebung** an. Wenn jemand von uns Daten erfragt, etwa ein Verkäufer für den Kaufvertrag, wenn ein technischer Prozess von uns Daten abgreift, etwa beim Internet-Surfen, dann handelt es sich um eine Datenerhebung. Wenn wir also zu schnell fahren und die Radarkontrolle blitzt unser Kennzeichen und unser Gesicht, dann wurden von uns Daten erhoben. Diesmal aufgrund eines Gesetzes. Wir können auch freiwillig in eine Datenerhebung einwilligen. Das Gesetz sagt, dass unsere persönlichen Daten aufgrund eines von uns abgeschlossenen Vertrags, aufgrund eines Gesetzes oder aufgrund unserer Einwilligung erhoben und danach auch verarbeitet werden können. Normalerweise müssen wir bei der Datenerhebung darauf hingewiesen werden, dass jetzt von uns Informationen erhoben und irgendwo registriert werden. Wie bereits gesagt: Der Radarblitzer kann und will dies nicht machen. Auch wenn der Verfassungsschutz oder die Polizei einem Verbrecher auf der Spur sind und ihn beobachten, können sie ihn selbstverständlich nicht auf diese Datenerhebung aufmerksam machen. Und wenn wir im Internet unsere Adresse für Werbemaßnahmen freischalten, darf es uns auch nicht wundern, wenn wir dazu keine besonderen Hinweise zur Datenerhebung erhalten. Wir machen es freiwillig und müssten, sofern wir bei klarem Verstand sind, wissen, was wir hier tun.

Einmal erhobene Daten darf man grundsätzlich nur so lange verwenden, wie dies notwendig ist. Wenn ich einen Kredit abbezahlt habe und alle Formalitäten erledigt sind, wir die Hypothekenurkunde wieder haben, darf eine Bank unsere Daten eigentlich nicht mehr verarbeiten. Bloß zur Überprüfung der Bankgeschäfte durch eine Aufsicht müssen unsere Daten noch gespeichert bleiben. Man spricht dann von einer Zweckbindung der Personendaten. Die **Zweckbindung** darf ein Unternehmen, hier die Bank, nicht einfach erweitern und unsere Daten dann z.B. für Werbezwecke verwenden oder an Versicherungen usw. verkaufen.

Jeder Schritt zur Verarbeitung unserer Daten muss notwendig sein (leicht zu merken: Es muss eine Not vorliegen, die abge-wendet wird). Das gilt vor allem für die Weitergabe unserer Personendaten an andere Stellen (datenschutzrechtlich spricht man wieder von **Übermittlung**). Andere Schritte sind die **Löschung** unserer Daten oder die **Anonymisierung**. Unsere Daten wollen wir beispielsweise nicht gelöscht haben, wenn es sich um einen Gutschein oder ein Abschlusszeugnis handelt. Wenn wir ein Zeugnis verloren haben, gehen wir selbstverständlich davon aus, dass wir es von der ausstellenden Prüfungsbehörde wieder bekommen können. Das ist allerdings beim Zeugnis nicht sicher!

Die Anonymisierung wollen wir, wenn unsere Behandlungsdaten von einem Krankenhausaufenthalt zwar in die Forschung eingehen sollen, dafür aber unser Name und unsere Adresse sowie unsere Krankenversicherung mit Nummer nicht nötig sind.

Das Gesetz, das die Grundlagen des Datenschutzes in der EU regelt, ist eine EU-Richtlinie. Ein kurzer Blick in diese Richtlinie ist ganz hilfreich. Sie besteht aus folgenden Teilen: Dem Titel mit den Angaben zur Beschlussfassung durch den europäischen Rat (das sind die Regierungen der EU-Statten) und das europäische Parlament (das wir gewählt haben). Danach kommen die Erwägungsgründe, die sagen, unter welchen Überlegungen man das Gesetz oder die Verordnung gemacht hat. Schließlich kommt der Gesetzestext bzw. der Verordnungstext. Alle EU-rechtsvorschriften kann man in allen Sprachen der EU im Europa-Server www.europa.eu unter dem Rechtssystem EUR-LEX abrufen. Die Datenschutzgrundverordnung sieht da so aus:

Das liest sich doch gar nicht so kompliziert. Ich empfehle jedem, einmal selbst, ohne Juristen und einen Anwalt, **solche Rechtstexte zu lesen**. Ebenso die Vertragstexte der Firmen wie Google, Amazon, Ebay, Apple und anderen.

DAS EUROPÄISCHE PARLAMENT UND DER RAT DER EUROPÄISCHEN UNION –
gestützt auf den Vertrag über die Arbeitsweise der Europäischen Union, insbesondere auf Artikel 16,
auf Vorschlag der Europäischen Kommission,
nach Zuleitung des Entwurfs des Gesetzgebungsakts an die nationalen Parlamente,
nach Stellungnahme des Europäischen Wirtschafts- und Sozialausschusses[1],
in Erwägung nachstehender Gründe:

(1) Der Schutz natürlicher Personen bei der Verarbeitung personenbezogener Daten ist ein Grundrecht. Gemäß Artikel 8 Absatz 1 der Charta der Grundrechte der Europäischen Union (im Folgenden "Charta") sowie Artikel 16 Absatz 1 des Vertrags über die Arbeitsweise der Europäischen Union (AEUV) hat jede Person das Recht auf Schutz der sie betreffenden personenbezogenen Daten.

(1) Die Grundsätze und Vorschriften zum Schutz natürlicher Personen bei der Verarbeitung ihrer personenbezogenen Daten sollten gewährleisten, dass ihre Grundrechte und Grundfreiheiten und insbesondere ihr Recht auf Schutz personenbezogener Daten ungeachtet ihrer Staatsangehörigkeit oder ihres Aufenthaltsorts gewahrt bleiben. Diese Verordnung soll zur Vollendung eines Raums der Freiheit, der Sicherheit und des Rechts und einer Wirtschaftsunion, zum wirtschaftlichen und sozialen Fortschritt, zur Stärkung und zum Zusammenwachsen der Volkswirtschaften innerhalb des Binnenmarkts sowie zum Wohlergehen natürlicher Personen beitragen.

(2) Und hier folgen weitere Erwägungsgründe, insgesamt fast 200.

HABEN FOLGENDE VERORDNUNG ERLASSEN:

KAPITEL I
ALLGEMEINE BESTIMMUNGEN

Artikel 1 Gegenstand und Ziele

(1) Diese Verordnung enthält Vorschriften zum Schutz natürlicher Personen bei der Verarbeitung personenbezogener Daten und zum freien Verkehr solcher Daten.

(2) Diese Verordnung schützt die Grundrechte und Grundfreiheiten natürlicher Personen und insbesondere deren Recht auf Schutz personenbezogener Daten.

(3) Der freie Verkehr personenbezogener Daten in der Union darf aus Gründen des Schutzes natürlicher Personen bei der Verarbeitung personenbezogener Daten weder eingeschränkt noch verboten werden.

.....

Besonders interessant ist bei den Datenschutz-Vorschriften, dass sie unabhängig von der Technik sind. Sie gelten also für alte und neue Informations- und Kommunikationstechniken, für Lochkarten, für Künstliche Intelligenz und für Algorithmen. Die Regelungen im Datenschutzgesetz reichen aber nicht, um die neuen Gefahren von KI/AI, Algorithmen und neuronalen Netzen zu begrenzen.

Was ist das Neue an der Datenschutzgrundverordnung, die ab Mai 2018 anzuwenden ist? Die wesentlichen Punkte sind:

- Die Datenschutzgrundverordnung ist eine direkt in den Mitgliedstatten wirksame Regelung. Die bisherigen Regelungen mussten erst in nationales Recht umgesetzt werden. Dabei waren die Mitgliedstaaten übermäßig kreativ. Letztlich hatten Unternehmen, die in mehreren EU-Mitgliedstaaten tätig waren, die Summe aller Regelungen anzuwenden. Eine unerträgliche Bürokratie!

- Die Datenschutzgrundverordnung hat das Datenschutzrecht weiter systematisiert und standardisiert. Die Regelungen sind stringent und umfassend. Vor allem viel Dokumentation wird verlangt. Nach Dokumentation rufen immer die Datenschutzbeauftragten, wenn sie einen konkreten Fall untersuchen. Denn sie sind natürlich überfordert, jede Technik in jedem Anwendungsfall ohne vorhergehendes Studium nachzuverfolgen. Ehrlicherweise muss man sagen, dass das Verlangte gar nicht mög-

> Die Dokumentation zum Datenschutz enthält viele Betriebsgeheimnisse. Ist die Behörde des Datenschutzbeauftragten in der Lage, sie zu bewahren? Haftet der Staat? Karenzzeit für Datenschützer bei Jobwechsel?

lich ist, nämlich eine Dokumentation der Informations- und Kommunikationstechnik so zu erstellen, dass praktisch jeder konkrete Fall ohne große Umstände transparent wird. Die Datenschutzgrundverordnung sieht zudem enorm hohe Strafzahlungen vor, falls die Dokumentation nicht diesen übertrieben hohen Anforderungen entspricht. Meiner Bewertung nach hätte man hier pragmatischer vorgehen sollen. Ob man dem Datenschutz einen Gefallen tut, wenn man das individuelle Recht der Betroffenen nach Einsicht in die Datenverarbeitung so gering achtet und die allein für die Datenschutzaufsicht eingeführten enormen Dokumentationspflichten einführt, bezweifle ich. Aus Sicht der Unternehmen beinhaltet diese Datenschutz-Dokumentation eine riesige Menge von Betriebsgeheimnissen. Sie wurden bislang nicht an einer Stelle zusammengefasst. Aus guten Gründen, denn Mitarbeiter wechseln den Arbeitgeber. Wenn sie in einer Dokumentation praktisch alle Betriebs-Internas studieren können, müsste man für sie Karenzzeiten für einen Unternehmenswechsel einführen.

- Die Datenschutzgrundverordnung gilt für alle Unternehmen, die in der EU tätig sind. Damit fallen US-amerikanische, chinesische und weitere Unternehmen unter diese Regelung. Das ist zweifellos gut und richtig. Ohne größere politische und rechtliche Auseinandersetzung vor allem mit den USA dürfte das nicht Alltags-Wirklichkeit werden.

Verschlüsselung (auch Kryptographie oder Chiffriertechnik genannt) ist eine geniale Technik. Erfährt man erstmals davon, sieht es ganz so aus, als würde die Verschlüsselung alle Sicherheitsprobleme lösen. Wir können jederzeit den ganzen PC und alle unsere Daten, seien sie auf unserem PC oder in irgendeiner Cloud, verschlüsseln. So kann man den PC unverschlossen auf den Marktplatz stellen. Keiner kommt mehr an die Daten heran. Nur wir, die Besitzer des PC, denn wir kennen unseren geheimen Schlüssel. Das ist ein Passwort mit wahlweise zehn oder, gespeichert beispielsweise auf einem USB-Stick, hundert oder tausend Stellen.

Das kann tatsächlich so sicher sein, allerdings mit einem Wehmutstropfen. Niemand weiß, ob die gewählte Verschlüsselung geknackt wurde, geknackt werden kann oder absolut sicher ist. **Die Sicherheit der Kryptographie ist nicht messbar!** Manche Verschlüsselungstechniken bringen fast gar keine Sicherheit, manche bringen Sicherheit für einige Schlüsselbereiche und für andere Schlüsselbereiche wiederum fast nicht. Und wiederum andere Verschlüsselungstechniken sind bis heute nicht zu knacken. Was jeweils gilt, wissen letztlich auch die besten Experten nicht gewiss, denn theoretisch kann man die Sicherheit nicht messen und praktisch wird alles bei diesem Thema geheim gehalten. Behauptet wird, dass etwa die WhatsApp- und Apple-Verschlüsselungen auch von den Geheimdiensten nicht geknackt werden können. Ob das wohl stimmt?

Verschlüsselung basiert heute überwiegend auf einer extrem schwer zu lösenden mathematischen Aufgabe. Sie besteht bei der überwiegend eingesetzten mathematischen Theorie darin, eine natürliche Zahl in das Produkt von zwei Primzahlen zu zerlegen[39]. Die eine Primzahl ist dann bei der Verschlüsselung das geheime Passwort, die andere Primzahl ist das öffentliche Passwort. Wenn A an B eine Nachricht verschlüsselt senden will, nutzt A die öffentlich bekannte Primzahl von B als öffentliches Passwort $P_{öff}$ (B). B verwendet seine geheime Primzahl als geheimes Passwort P_{geh} (B). Daraus wird eine funktionierende Verschlüsselungstechnik, weil die Verschlüsselung einer Nachricht durch ein geheimes Passwort mit anschließender Verschlüsselung durch ein öffentliches Passwort wieder die ursprüngliche Nachricht im Klartext ergibt, genauso als hätten wir diese Nachricht erst mit dem öffentlichen Passwort und dann mit dem geheimen Passwort verschlüsselt. Die Reihenfolge ist also unwichtig für das Ergebnis. Wer Spaß an Knobeleien hat (oder im Internet die Lösung suchen will), kann sich überlegen, was man damit sonst noch anstellen kann, etwa eine elektronische Unterschrift realisieren.

Das Ganze ist deshalb ein Pulverfass, weil die Quantencomputer genau diese Technik im Nu knacken können, fast egal wie kompliziert man die Primzahlen auswählt. Dann gäbe es plötzlich keine Verschlüsselung mehr. Unsere heutigen Sicherheitsmechanismen wären von einem Tag auf den anderen völlig nutzlos.

Angriffe auf die Verschlüsselung kommen auch von anderer Seite. Um organisierten Verbrechern keine Schutzräume zu ermöglichen, wollen viele Regierungen die Verwendung sicherer Verschlüsselungen verbieten. Das geht sehr einfach und manche diktatorischen Regierungen gehen heute so vor.

---

[39] Eine natürliche Zahl ist eine Zahl aus der Reihe 1, 2, 3, ……, 10000000000, ……, 100000000000000, usw. Eine Primzahl ist eine Zahl, die nur durch 1 und sich selbst ohne Rest teilbar ist.

Sie organisieren das Internet in ihrem Staatsgebiet derart, dass immer verschlüsselt wird, aber mit einem sog. Wurzel-Verschlüsselungs-Zertifikat, das die Regierung herausgegeben hat und von dem die Regierungsstellen das Geheimwort kennen. Alle davon abgeleiteten Verschlüsselungen sind dann für die Kryptographie-Laien nicht zu knacken, für die Regierungsstellen aber schon. Das Perfide daran ist, dass sich alle Staatsbürger, Organisationen und Firmen im Land in Sicherheit wiegen. Ist doch vermeintlich alles sicher verschlüsselt. Der Staat kann aber alles nach Belieben ausschnüffeln und kontrollieren. Also Vorsicht!

In Deutschland (aber nicht in jedem Mitgliedstaat Europas) gilt, dass jeder Bürger jederzeit eine nicht-knackbare Verschlüsselung benutzen darf. Zudem muss jeder Anbieter von Internet-Seiten, auch wo sie anonym benutzt werden, eine Verschlüsselung des Seitenabrufs anbieten. Das deshalb, damit niemand durch Analyse des Datenstroms vom Server zum Bürger xy das Verhalten des Bürgers xy ausforschen kann. Datenschutzrechtlich ist das eine musterhafte Lösung, ermittlungstechnisch ist das für die Polizei ein großes Problem. Der Benutzer eines Browsers erkennt, ob diese Verschlüsselung eingeschaltet wurde. Die Internet-Adresse beginnt dann nicht mit http:// sondern mit https://. Das kleine „s" macht als den Unterschied.

Wie gesagt, die durch Verschlüsselung realisierte Sicherheit ist nicht messbar. Man sagt Maßangaben wie „Der schnellste Computer benötigt 10 Milliarden Jahre, um die Verschlüsselung zu knacken" zwar immer wieder, aber sie stimmen wahrscheinlich nicht. Vielen ist das zu unsicher. Sie finden eine Alternative. Weniger systematisch aber sehr wirkungsvoll schützt die **Steganografie**. Dabei versteckt man Informationen mit allem, was die Fantasie hergibt, auf einem Datenträger. Nehmen wir an, dass ein Text geheim übertragen werden soll. Man kann beispielsweise ein Foto nehmen und aus dem Foto alle Farbpunkte (Pixel) mit dem Farbwert x ersetzen durch den Farbwert x+1. Danach kann man den zu schmuggelnden Text mit dem Farbwert x versehen und in das Foto eintragen. Jedem Betrachter erscheint das Foto als nicht manipuliert. Es ist halt eines von Tausenden von Fotos auf einer 64 GB-Fotokarte. Alles andere geht ebenfalls, etwa der Versand einer selbst geschriebenen Geschichte, bei der bestimmte Anfangsbuchstaben von Wörtern den zu schmuggelnden Text ergeben. Der Vorteil der Steganografie ist, dass gar niemand daran denkt, dass Informationen übermittelt werden. Anders bei der Verschlüsselung: Dort weiß man, welche Datenmengen schätzungsweise übertragen werden. Selbstverständlich lassen sich Verschlüsselung und Steganografie auch kombinieren.

Elektronische Unterschrift ist eine Technik, die der handschriftlichen Unterschrift gleichgesetzt werden soll. Der Vorteil ist, dass unterschrieben Dokumente gerichtlich anders bewertet werden als nicht unterschriebene. Sie sind Urkunden. Der Richter interpretiert in einem Gerichtsverfahren Urkunden nur in seltenen Sonderfällen. Regelmäßig nimmt der Richter die Urkunde mit ihrem Wortlaut ohne Weiteres in den Prozess auf. Wie eine elektronische Unterschrift erstellt werden muss, wie sie auf ihre Echtheit geprüft werden muss und wie die elektronische Urkunde im Laufe der Jahre und Jahrhunderte elektronisch verarbeitet werden soll (wenn viele Organisationen wie Trust Center bereits untergegangen sind) sagt das Signaturgesetz. Je nachdem wie sicher die elektronische Unterschrift (Signatur) in organisatorischer Hinsicht erscheint, spricht man von einer einfachen Signatur (z.B. eine Mail mit darunter getipptem Namen), einer fortgeschrittenen Signatur (z.B. eine Kombination von Mail-Adresse und Passwort wie bei Amazon, Ebay usw.) oder einer qualifizierten Signatur (Chipkarte mit Passwort und weiteren Sicherheitsmaßnahmen).

Viele Leser haben sich sicher schon gefragt, was **De.Mail** sein soll. Hier handelt es sich um einen Mail-Versand mit qualifizierter Signatur und einer Zusatzfunktion. Die De.Mail-Nachricht gilt nach Ablauf einer kurzen Zeitspanne automatisch als zugestellt beim Empfänger. Dazu muss man wissen, dass mit dem Zeitpunkt der Zustellung bestimmte Rechtsfolgen verknüpft sind. Wenn beispielsweise ein belastender Behördenbescheid als zugestellt gilt, dann läuft von da ab die Frist, in der der Empfänger Widerspruch einlegen oder dagegen klagen kann. Wenn der De.Mail-Empfänger aber gerade im Urlaub ist oder sein PC nicht funktioniert, er also die Mail gar nicht lesen kann, dann tritt trotzdem der belastende Effekt ein. Die Mail gilt als zugestellt, auch wenn dies tatsächlich gar nicht der Fall ist. Ich rate deshalb, diese Technik nicht zu nutzen. Sie hat praktisch nur Vorteile für die Absender aber nicht für die Empfänger.

Datensicherheit

Viele Experten sagen, der Mensch ist das größte Risiko. Wenn das so ist, und daran sollte man nicht so viel zweifeln, müssten wir unser Verhalten schulen, um sicherer zu arbeiten. Andere sagen, aktive Abschottungs- und Verteidigungsmaßnahmen der Computer seien die wichtigste Lösung. Die Wichtigkeit der Verteidigungstechnik ist unbestritten, doch viele weisen auch darauf hin, dass die passive Sicherheit so wichtig ist wie die aktive. Passive Sicherheit ist beispielsweise die Nachricht unseres Homebankings, dass wir am letzten Dienstag um 9:15 h zuletzt unser Konto geöffnet haben. Ist das nicht richtig, dann wissen wir, dass wir angegriffen worden sind und jemand in unserem Namen unser Konto beobachtet oder gar manipuliert. Ohne passive Technik wüssten wir das gar nicht. Welchen Rat nehmen wir an? Am besten fährt man natürlich, wenn man die Ratschläge aller Experten annimmt. Dazu werden wir systematisch vorgehen.

Erstmals geht es darum, welche technischen und organisatorischen Maßnahmen sind zu ergreifen, um Sicherheit herzustellen. Sicherheit wofür? Sicherheit wogegen? Wer nicht weiß was er schützen will, hat keine Chance erfolgreich zu sein. Also müssen zuerst die Schutzgüter definiert werden. Die Schutzgüter sind beispielsweise die Regelungen des Persönlichkeitsrechts, in Firmen geht es darum, Betriebsgeheimnisse zu wahren, oder die Sicherheitskopien unserer Dateien immer top aktuell zu halten. Schutzgüter sind aber nicht, keine Updates mehr einspielen zu müssen, oder nur positive Meldungen über sich in Facebook zu lesen. Updates benötigt jeder Computer, weil man keine fehlerfreie Computersoftware erstellen kann. Nur positive Meldungen in Facebook zu lesen, können wir nicht erzwingen, denn jeder unserer Facebook-Freunde kann sich über uns lustig machen oder uns kritisieren. Bei Licht besehen gibt es gar nicht so viele Schutzgüter. Leider macht das die Computersicherheit nur ein wenig einfacher.

Wie definieren die Datenschutzgesetze das Schutzgut? Sie sagen, wer persönliche Daten verarbeitet, muss alle technischen und organisatorischen Maßnahmen ergreifen, um sicherzustellen, dass die Datenschutzgrundverordnung und alle darüber hinausgehenden spezialrechtlichen Vorschriften zu jeder Zeit tatsächlich eingehalten werden. Damit lässt sich was anfangen. Denn konkret heißt das: Nur richtige Daten speichern, falsche Daten löschen (oder sperren).

Keine Daten preisgeben! Nie soll man im Zug, wie kürzlich passiert, einem Freund quer durch den Wagen zurufen, er soll für uns bei Ebay etwas ersteigern und das Passwort sei xyz. Nie soll man in

Facebook sagen, dass man jetzt zwei Wochen in Urlaub geht (und niemand zuhause ist). Nie soll man derartiges über unsere Freunde und Bekannten in diesen Systemen an die große Glocke hängen.

Keine Daten über unsere Bekannten, Mitarbeiter, Kollegen, Freunde usw. an Fremde weitergeben, sofern das nicht unbedingt nötig ist und diese davon wissen. Dazu gehört auch, dass man Fotos mit unseren Freunden oder unseren Kindern drauf nicht ohne Zustimmung in Facebook einstellt oder per Mail versendet. Manchmal höre ich Regeln wie, dass man ab 10 Personen Gruppenbilder ins Internet ohne Zustimmung der Betroffenen einstellen kann. Das ist Unfug, denn Datenschutz gilt für jeden Einzelnen, auch wenn er in der Gruppe erscheint[40]. Um es etwas spöttisch zu sagen: Es gibt ja auch keine Regelung, dass man ab 100 Personen einen Einzelnen aus der Gruppe ermorden darf. Außerdem gilt der Datenschutz in jedem Alter und auch für Verstorbene. Es gibt keine Regelung, nach der der Datenschutz erst mit 8 Jahren, 14 Jahren oder mit 18 Jahren anfängt. Datenschutz gilt auch für Neugeborene.

Keine Daten erfragen, die uns eh nichts angehen. Wer eine Wohnung vermietet, sollte deshalb beispielsweise nicht wissen wollen, welche Urlaubsorte dem Mietinteressenten gefallen und welche nicht, wieviel sein Auto gekostet hat und welche Ersparnisse er oder sie hat. Sein Gehalt darf man erfragen. Am besten man schaut in das neueste Mieterlexikon, um sich aktuell und umfassend zu informieren.

Formal gesehen gilt die Datenschutzgrundverordnung zwar für unsere in wirtschaftlichem Zusammenhang verarbeiteten Daten (wie Mietverhältnisse) aber nicht für unsere privat gespeicherten Daten. Doch Fairness und Höflichkeit gebieten nichts anderes als das, was die Datenschutzgesetze sagen.

Maßnahmen zum Schutz für alle Computer

Misstrauisch sein gegenüber jeder Anmache, gegenüber jeder Nachricht (auf SMS, WhatsApp, Facebook usw) und gegenüber jeder Mail! Inzwischen sind die Angriffe so gut formuliert und sie kommen so offiziell daher, dass viele sie für bare Münze nehmen. Aber Vorsicht: Neid, Gier, Hoffnung auf den schnellen Gewinn und viele andere menschliche Schwächen werden gnadenlos ausgenutzt. Und wenn die Mail geöffnet ist, dann kann der Angriff schon gelungen sein.

Nur seriöse Internet-Seiten und Partner kontaktieren. Viele sehen das als Einschränkung. Doch wer alles anklickt, was ihm der Browser anzeigt, wird in wenigen Tagen Schadprogramme gesammelt

---

[40] Wer Fotos in ein soziales Netzwerk einstellt, gibt dem Betreiber des Netzwerks alle (!) Rechte an seinem Foto. So auch das Recht, das Foto zu löschen, wenn es mit sexistischem, rassistischem oder sonst radikalen Vermerk in Zusammenhang gebracht wird. Die Abgebildeten haben nur in Sonderfällen noch Rechte. Das ist rechtlich notwendig, denn sonst könnte der Betreiber die Fotos nicht den anderen Mitgliedern des Netzwerks zuspielen, beispielsweise mit dem Vermerk „Georg Schäfer hat dieses Foto gefallen." Wer andere ablichtet und das Foto veröffentlicht, greift also sehr tief in die Rechte dieser abgelichteten Person ein. Diese Rechte jedes Menschen an seinem Abbild, seinen Äußerungen in privater Umgebung usw. sind Schutzgüter im Sinne der Datensicherheit.

haben. Die lutschen den PC oder das Smartphone aus. Wer sorglos in allen Ecken des Internets herumschnüffeln will, sollte dafür einen eigenen (alten) PC nehmen, von dem keine Daten gestohlen werden können. Damit ein möglicher Eindringling auch nicht herausbekommen kann, was man alles schon aufgerufen hat, sollte man die Cookies und den Browserverlauf regelmäßig löschen.

Seriöse Updates immer ausführen. Ja, es ist richtig, dass neue Updates auch neue Bedrohungen darstellen können, etwa wenn die neue Version der Software mehr von unserem Smartphone erfragt (z.B. den Standort) als die alte Version. Dennoch sollte man sie einspielen, denn sonst bleibt ein Einfallstor für neue Angriffe. Die Neugier der neuen Version muss man nach dem Update durch die „Einstellungen" wieder zähmen.

Ein Schutzprogramm ist wirklich nötig. Das kann bei Windows das kostenlose Microsoft Security Essentials sein oder in den höheren Windows-Versionen der Defender, oder – als Programm mit europäischen Datenschutzeinstellungen - Avira. Zweckmäßig ist darauf zu schauen, in welches Land der Welt die Daten zur Sicherheitsabwehr im Zweifelsfall übertragen werden.

Alle Apps und Programme herunterwerfen, die man nicht wirklich benötigt. Diese Maßnahme dient schon mal dazu, das Gerät schneller zu machen und den Akku zu schonen. Außerdem ist mit jedem Programm, das man herunterwirft, einer dieser unheimlichen Datensammler ausgeschaltet.

Browser-Verlauf und Cookies nach jedem Aufruf des Browsers löschen. Sicher hat das schon jeder erlebt: Wir suchen mit Google nach einer Firma. Danach schauen wir uns bei n-tv.de, spiegel.de oder sonst wo die aktuellen Nachrichten an. Was passiert? Genau die Firma, die vorher gesucht wurde, blendet Werbung ein. Das ist natürlich kein Zufall. Das zeigt bloß, wie diese Internet-Techniken uns ausforschen. Wer das mag, löscht selbstverständlich seine Datenspuren aus vorangehenden Transaktionen nicht, die anderen sollten es tun. **Im Übrigen: Schauen Sie sich mal die im deutschen Datenschutzinteresse realisierten Funktionen von Cliqz, einem deutschen Browser, an.**

Passive Sicherheit suchen und nutzen. Leider ist die passive Sicherheit gar nicht so einfach zu finden. Beim Homebanking zeigen viele Banken an, wann wir es zuletzt benutzt haben. Das ist gut. Unser Smartphone protokolliert auch, wen wir in den letzten Tagen angerufen haben. Der GESENDET-Ordner sagt uns, welche Mails rausgingen. Falls ein Schadprogramm selbst Mails generiert, erkennt man das manchmal im GESENDET-Ordner. Klar wird: Die Augen muss man immer offen halten. Zu viele versuchen, uns reinzulegen. Wer meint, dass das doch alles viel zu aufwändig ist, sollte den Vergleich zum Auto anstellen. Putzen, Reifen prüfen und je nach Jahreszeit wechseln, Maut-Vignetten besorgen, Inspektion und Wartung durchführen, die Navi-Karten aktualisieren und vieles mehr sind Standardaufgaben für jeden. So schlimm ist also nicht, was uns die Computer abverlangen. Und im Grunde geht es bloß darum, die eigenen Angelegenheiten bewusst und so sorgfältig, wie wir auch mit Papier umgehen und umgingen, wahrzunehmen.

Wenn alles, was oben gesagt ist, gemacht wurde, bleibt für den PC immer noch einiges übrig. **Das Wichtigste scheint mir, dass man seine Daten sichert.** Damit ist gemeint, dass man die Daten auf ein Speichermedium (Magnetplatte, USB-Stick, DVD, usw.) kopiert und sorgfältig und geordnet aufbewahrt. Das ist gar nicht so einfach, denn ohne ein Konzept geht es nicht. Das fängt bereits bei den Fotos an. Ich empfehle, für jeden Urlaub und jede Fotosafari einen eigenen Ordner anzulegen mit dem Namen

„JJMMTT Ort der Fotosafari", also etwa „170803 Porsche Museum", wenn wir am 3. August 2017 im Porsche Museum fotografiert haben. JJ steht für Jahr, MM steht für Monat und TT steht für den Tag im Monat. Das hat den Vorteil, dass der Computer automatisch die Ordner in chronologischer Reihenfolge ablegt.

Beim Speichermedium sind oben nur die Medien erwähnt, die wir zuhause aufbewahren können. Die PC-Dateien lassen sich auch in einer Cloud speichern. Der Nachteil der Cloud ist, dass wir die Daten dort nicht unter der eigenen Kontrolle haben und bei Ausfall des Internets auch nicht mehr darauf zugreifen können. Wichtig ist zu bedenken, dass die Cloud-Anbieter für Störungen und Datenverlust praktisch nicht haften. Wer auf Autonomie Wert legt, sollte die Cloud-Lösung nicht verwenden. Noch ein Sonderfall ist interessant: Wer gerade an einer Word- oder Open-Office-Datei arbeitet und sicher sein will, dass sie nicht verloren geht, kann sich diese Datei einfach per Mail an die eigene Mail-Adresse senden. Das ist simpel und sichert die Datei (jede Datei ist dafür geeignet, auch eine Datenbank von „Mein Verein"[41]) im Sinne eines Backups, sofern man sie im Empfangsordner belässt.

PC verwenden normalerweise mehr und komplexere Programme und Apps als Smartphones. Der Benutzer sollte seinen **PC in Ordnung halten.** Das ist, schaut man sich die PC der Freunde und Nachbarn an, selten genug der Fall. Die installierten Programme müssen vollständig und fehlerfrei installiert sein. Wer das einmal nicht schafft, sollte die Programmdateien löschen, statt sie in einem undefinierten Zustand irgendwie auf dem PC zu belassen. Immer wieder findet man auf seinem PC auch Programme, die man gar nicht installiert hat und die man eigentlich gar nicht will. Hier ist wichtig, dass man immer wieder einmal das Programmverzeichnis kritisch durchsieht und unnötige Programme entfernt. Dabei empfiehlt es sich bei Windows, einen Wiederanlaufpunkt zu setzen. Immer wieder kommt vor, dass ein PC-Benutzer ein wichtiges Programm-Modul löscht, dessen Bedeutung und Wichtigkeit ihm nicht mehr erinnerlich war. Dann kann er es über den Wiederanlaufpunkt rekonstruieren.

---

[41] Ein Produkt von Buhl Dataservice.

Heutige Smartphones sind Hochleistungsrechner. Grob gesagt verfügt ein Smartphone der jeweils neuesten Technik über die Leistungsfähigkeit von PCs drei Jahre davor. Drei Jahre sind eine Computergeneration. Ein Smartphone ist normalerweise mit Google, mit dem Hersteller und mit dem Netzprovider verbunden. Geht es verloren, kann es der Netzbetreiber finden, soweit die Standorterkennung eingeschaltet war. Hinzu kommen Verbindungen, etwa zum Mailbetreiber und zu Herstellern verschiedener Apps. Vermutlich würde ein „normaler" Benutzer niemals daran denken, dass ein Smartphone so vielfältige Vernetzungen nutzt. Und dieses Bild ist noch eine Vereinfachung.

Smartphones sind immer an und aktiv. Sie laden normalerweise Tag und Nacht neue Nachrichten herunter, weil wir einen Push-Dienst eingerichtet haben. Falls jemand die Standortbestimmung eingestellt hat, dann registriert das Smartphone bis auf wenige Meter genau den Weg, den es genommen hat. Ob es dabei vom Eigentümer, seiner Tochter oder seinem Freund benutzt wurde, weiß es nicht. Alles wird einfach dem registrierten Besitzer / Eigentümer zugeschrieben. Bereits das ist, wie die bisherigen Ausführungen zum Datenschutz zeigten, ein Verstoß gegen den Datenschutz, denn der Betreiber von Google Maps (also Alphabet) speichert unrichtige Daten zum Besitzer. Man kann das natürlich beschönigen und vertuschen, indem man sagt, es würden nur die Wege des Smartphones des Besitzers gespeichert. Das wäre korrekt. Die anschließende Nutzung geht aber stillschweigend von der Zuordnung der Daten zum Besitzer / Eigentümer aus. Die Umschreibung bewerte ich somit als eine Art der Irreführung.

Das Smartphone und Handy registriert aber auch bei ausgeschalteter Standortbestimmung ständig seine Lage auf dem Globus. Das deshalb, weil diese Geräte keine Telefone sind, sondern Funkgeräte. Sie müssen immer mit Funkstationen in Kontakt stehen, um bei Bedarf einen Anruf zu empfangen oder abzusetzen. Ruft also jemand ein Handy von Vodafone, T-Mobil oder sonst einen Hersteller an, dann muss die Kommunikationszentrale dieses Herstellers das Handy suchen. Kein Problem ist das, weil das Handy ständig Kontakt zu der Netzzentrale hält und den Funkturm meldet, unter dem es mit bester Feldstärke erreichbar ist. Die Funkzentrale registriert den Weg des Handys über den Globus. Diese Daten nennt man Verbindungsdaten. Die Polizeien aller Welt wollen auf diese Verbindungsdaten zugreifen, weil sie dann wissen, wer sich am Tatort aufgehalten hat. Ermittlungstechnisch ist das eine enorme Erleichterung und sollte meiner Meinung auch erlaubt werden. Derzeit lehnt der europäische Gerichtshof (EuGH) diese Speicherung der Verbindungsdaten im großen Umfang aber ab. Wer die Datenschutzgrundverordnung einmal durchliest wird feststellen, dass der EuGH eigentlich gar nicht anders urteilen kann. Die Gesetzgeber müssen auf der Basis einer hieb- und stichfesten Begründung eine klare und widerspruchsfreie europäische und nationale Rechtsgrundlage schaffen.

Daraus kann man schon ein paar Maßnahmen für das Smartphone und Handy ableiten:

- **Die Standortbestimmung sollte nicht immer angeschaltet sein.** Der Weg unseres Handys durch die Welt muss nicht in den USA registriert werden (dort darf und muss das gespeichert werden). In Europa darf diese Daten die Polizei nicht ausreichend lange speichern und nicht nutzen.
- **Das Smartphone / Handy sollte auch mal ausgeschaltet oder in den Flugbetriebsmodus geschaltet werden.** Ausgeschalten ist die beste Lösung. Wer ganz sicher sein will, nimmt auch die

Batterie heraus. Der Flugmodus ist eine Maßnahme, die ich persönlich nicht einsehe. Es geht darum, dass ein Handy oder Smartphone mit seinen paar Milli-Watt-Leistung angeblich die Elektronik des Flugzeugs verwirren könnte. Das erstaunt, denn die zig-Hundert oder Tausend Watt Leistung der Funktürme auf den Dächern der Flughäfen beeinflussen die Elektronik der Flugzeuge noch zig-fach mehr, falls es diese Beeinflussung überhaupt gibt. Die Wellen dringen in das Innere der Flugzeuge ein, denn von dort aus kann das Mobiltelefon empfangen und senden. Wenn man dann noch liest, dass sich Busfahrer wichtig machen wollen, indem diese fordern, dass auch im Bus Mobilgeräte auf Flugbetrieb umgeschaltet werden, fragt man sich schon, welcher Physikunterricht an ihnen vorbei gegangen ist.

- **Alle Apps runter werfen, die man nicht ständig benötigt.** Ein App bei Bedarf schnell herunterladen, ist kein Aufwand. Wer also eine App nur an den fünf Fingern abzählbare Mal im Jahr nutzt, kann es deinstallieren. Man spart sich die ständigen Updates, die Datensammelei im Hintergrund und den Speicher- und Akku-Verbrauch.

- **Ein Virenschutz ist inzwischen notwendig.** Smartphone und andere Mobilfunkgeräte werden heute auch angegriffen. Oft geschieht dies von Apps heraus. Die Anforderungen, bis man ein App in den App Store eines Anbieters einspeichern darf sind hoch. Die Apps werden streng geprüft. Trotzdem gelingt es immer wieder raffinierten Programmierern, ein Schadprogramm so einzuschleusen.

- **Aufmerksam sein.** Auch auf dem Smartphone müssen die oben genannten Regeln eingehalten werden, die für alle Computersysteme gelten. Beim Auto achten wir auch auf das Klopfen des Motors und die Fahrgeräusche der Reifen. Sinngemäß muss auch der Smartphone – Nutzer auf der Hut sein.

- **Nur tun, was man versteht.** Ab dem 18. Lebensjahr sollte diese Regeln für alle Angelegenheiten im Leben gelten. Viele tauchen aber in eine Welt der absoluten Sorglosigkeit ein, wenn sie einen Computer nutzen. Die Betriebsblindheit ist unheimlich. Und das bloß, weil sie zuhause friedlich im Sessel sitzen und arglos die Computernutzung als unverbindliches Spiel ansehen? Wohl nicht. Bei den philosophischen Fragen am Ende des Buchs kommen wir darauf wieder zurück.

- **Cookies und Browserverlauf spielen dieselbe Rolle wie beim Browser des PC.** Die Bedienung des Internet-Browsers mag etwas anders aussehen als beim PC, denn manche Smartphone-Hersteller liefern auch einen eigenen Browser mit. Hier sollte man auf das sog. Anti-Tracking achten. Der Browser erklärt, was er jeweils darunter versteht.

  1. **Kauft man ein Android-Smartphone, dann kann die Benutzer-Oberfläche verändert werden.** Das ist ein Vorteil, denn gerade Behinderte (Seh-, Hörbehinderte) werden durch diese Geräte in die Lage versetzt, Behördengänge vorzunehmen, Dienstleistungen zu beauftragen und anzunehmen sowie Gegenstände zu kaufen. Das alles wäre ohne diese Geräte kaum möglich. Der Aufwand für die Einrichtung des Smartphones für diese Benutzergruppe ist groß, aber den Schweiß wert.

Neben diesem Ausspähen müssen wir beim Smartphone auch mit vielerlei Angriffen rechnen. Was zum Zeitpunkt, wenn Sie den Text hier lesen, gerade groß in Mode ist, lässt sich beim Schreiben nicht vorhersagen. Ein Angriff ist derzeit sehr beliebt: Eine Firma schickt eine SMS, WatsApp-Nachricht oder eine Mail an das Smartphone, die bei der kleinsten Berührung (etwa zum Löschen) sofort eine Belastung des Gebührenkontos des Smartphone durch Gebühren für Fremdanbieter bewirkt. Diesen völligen Missbrauch der Internet-Technik durch kriminelle Firmen kann der Smartphone-Besitzer nur sehr mühsam abstellen. Bei einem Gang vor die Gerichte muss man noch monatelang für nichts und wieder nichts zahlen. Die beste Lösung ist daher: **Der Mobilfunk-Provider wird angewiesen, das Smartphone gegen eine Belastung des Fernmeldekontos durch Fremdanbieter zu sperren.**

Dann kann der Besitzer auch keine Zusatzkosten in Spielen ausgeben. Das scheint mir aber auch eine gute Lösung zu sein. Denn auch diese Geschäfte sind oft mehr Manipulation als der Verkauf einer preiswerten Leistung.

Persönlichkeitsrechte in der Informationsgesellschaft

Wie in der idyllischen Familie leben wir in Deutschland vielfach geschützt vom Grundgesetz, exklusiv im Ländervergleich. Jeder von uns garantiert es einen Freiraum, in den der Staat grundsätzlich nicht und die Privaten auch nur mit unserer (oft unbedachten) Zustimmung nur beschränkt und nur zeitlich kurz einwirken dürfen. Das Grundgesetz enthält keinen Artikel, in dem das Persönlichkeitsrecht als Ganzes formuliert ist. Vielmehr sind einzelne Artikel, spezielle EU-Richtlinien und deutsche Spezialgesetze sowie Urteile des Bundesverfassungsgerichts heran zu ziehen und zu interpretieren. Damit kann man leben. Wichtiger ist ein Diskurs über die Informationstechnik, ihre Eigenarten und ihre Grenzen, ab denen sie von einer Hilfe zu einer Last wird.

Für die umfassende Sicht auf das allgemeine Persönlichkeitsrecht formulierte das Bundesverfassungsgericht die Aufgabe

„im Sinne des obersten Konstitutionsprinzips der ‚Würde des Menschen' (Art. 1 Abs. 1 GG) die engere persönliche Lebenssphäre und die Erhaltung ihrer Grundbedingungen zu gewährleisten, die sich durch die traditionellen konkreten Freiheitsgarantien nicht abschließend erfassen lassen; diese Notwendigkeit besteht namentlich auch im Blick auf moderne Entwicklungen und die mit ihnen verbundenen neuen Gefährdungen für den Schutz der menschlichen Persönlichkeit."[42]

Bezüglich der modernen Computertechnik hat das Bundesverfassungsgericht inzwischen zwei wichtige weitere Entscheidungen getroffen: Das Gericht entwickelte den Begriff des informationellen Selbstbestimmungsrechts anlässlich der Volkszählung 1983 mit einem Beschluss vom 15. Dezember 1983. Die seither fast unendlich oft zitierten wesentlichen Sätze der Nrn. 1, 2 des Beschlusses, der hier nur auszugsweise wiedergegeben wird, lauten:

„1. Unter den Bedingungen der modernen Datenverarbeitung wird der Schutz des Einzelnen gegen unbegrenzte Erhebung, Speicherung, Verwendung und Weitergabe seiner persönlichen Daten von dem allgemeinen Persönlichkeitsrecht des Art. 2 Abs. 1 GG in Verbindung mit Art. 1 Abs. 1 GG umfaßt. Das Grundrecht gewährleistet insoweit die Befugnis des Einzelnen, grundsätzlich selbst über die Preisgabe und Verwendung seiner persönlichen Daten zu bestimmen.

2. Einschränkungen dieses Rechts auf "informationelle Selbstbestimmung" sind nur im überwiegenden Allgemeininteresse zulässig. Sie bedürfen einer verfassungsgemäßen gesetzlichen Grundlage, die dem rechtsstaatlichen Gebot der Normenklarheit entsprechen muss. Bei seinen Regelungen hat der Gesetzgeber ferner den Grundsatz der Verhältnismäßigkeit zu beachten. Auch hat er organisatorische und verfahrensrechtliche Vorkehrungen zu treffen, welche der Gefahr einer Verletzung des Persönlichkeitsrechts entgegenwirken."

---

[42] BVerfGE 54, 153. Weitere Ausführungen findet der interessierte Leser in den Kommentaren zum Grundgesetz oder Fachaufsätzen wie z.B. Zippelius, Reinhold, Konkretisierungen des Persönlichkeitsrechts in der neueren Verfassungsentwicklung, in Lampe, Ernst-Joachim (Hrsg.), Persönlichkeit, Familie, Eigentum, Volume 12, Springer, 1987

Am 27. Januar 2008 veröffentlichte das Bundesverfassungsgericht sein Urteil zur Vertraulichkeit und Integrität informationstechnischer Systeme. Dort heißt es in den Nrn. 1, 2 des Beschlusses, der hier ebenfalls nur auszugsweise widergegeben wird:

1. „Das allgemeine Persönlichkeitsrecht (Art. 2 Abs. 1 i.V.m. Art. 1 Abs. 1 GG) umfasst das Grundrecht auf Gewährleistung der Vertraulichkeit und Integrität informationstechnischer Systeme.
2. Die heimliche Infiltration eines informationstechnischen Systems, mittels derer die Nutzung des Systems überwacht und seine Speichermedien ausgelesen werden können, ist verfassungsrechtlich nur zulässig, wenn tatsächliche Anhaltspunkte einer konkreten Gefahr für ein überragend wichtiges Rechtsgut bestehen. Überragend wichtig sind Leib, Leben und Freiheit der Person oder solche Güter der Allgemeinheit, deren Bedrohung die Grundlagen oder den Bestand des Staates oder die Grundlagen der Existenz der Menschen berührt. Die Maßnahme kann schon dann gerechtfertigt sein, wenn sich noch nicht mit hinreichender Wahrscheinlichkeit feststellen lässt, dass die Gefahr in näherer Zukunft eintritt, sofern bestimmte Tatsachen auf eine im Einzelfall durch bestimmte Personen drohende Gefahr für das überragend wichtige Rechtsgut hinweisen."

Andere Länder sind andere Wege gegangen. Frankreich hat beispielsweise von Anfang an ein Comité Nationale pour l'Informatique et la Liberté (CNIL) eingerichtet, das weitgehende Prüfungs- und Verbotskompetenzen besitzt. In Deutschland wurden die Datenschutzbeauftragten von Bund und Ländern berufen, die unbeschränktes Prüfungsrecht aber nicht das Verbotsrecht des CNIL besitzen. In den USA sind aus der Verfassung abgeleitete Persönlichkeitsrechte für einzelne Personen nicht vorhanden. Deshalb laufen in den USA für uns verstörende Aktionen wie der Kauf des Wählerverzeichnisses einzelner Bundesstaaten durch eine Partei, um dieses Verzeichnis mit Identifikationsdaten der Wähler wie Sozialversicherungsnummern und Führerscheinnummern auf illegale Wähler hin zu untersuchen. Wie ernst die Persönlichkeitsrechte im Zusammenhang mit der Informationsverarbeitung genommen werden, zeigen die Urteile des Europäischen Gerichtshofs zur Vorratsdatenhaltung. Dort verbietet er die längerfristige Sammlung und Aufbewahrung der Verbindungsdaten, die über EU-Bürger anfallen, wenn sie telefonieren oder im Internet surfen. Das EU-Recht hat inzwischen viel vom deutschen und französischen Datenschutzrecht übernommen und in der Datenschutzgrundverordnung vereinheitlicht.

Die differenzierte Betrachtung der Gerichte, Bundesverfassungsgericht und Europäischer Gerichtshof, zu den Rechten der Bürger und deren Grenzen kann beide Seiten beruhigen. Diejenigen, die sich viel Schutz wünschen und diejenigen, die den Sicherheitsbehörden weitgehenden Zugriff erlauben wollen, müssen in jedem Fall argumentieren. Diese abwägende Argumentation soll nachfolgend für die neuen Techniken vorgenommen werden.

Kinder müssen auch im Netz Kinder bleiben dürfen

Mich erstaunt immer wieder, dass ein Konstruktionsfehler der Anfangszeit des Internets immer noch nicht breit diskutiert und behoben wird. Weil das Internet analog zu einem militärisch funktionierenden Netz aufgebaut wurde, ist sein höchstes Ziel, immer zu funktionieren, auch wenn es in Teilen zerstört oder unterbrochen ist. Unterschiedliche Zugriffberechtigungen kennt das Internet nur auf Anwendungsebene. Beispielsweise kann nicht jeder im Ticketing-System der Bahn neue Preise eintippen. Das können nur speziell Berechtigte. Wenn die Informationen aber auf einem Internet-Server ungeschützt durch eine Anwendungssoftware wie SAP oder Navision gespeichert sind, kann jeder darauf zugreifen. Somit können auch Kinder aller Altersgruppen auf für sie nicht angemessene Texte, Bilder und Videos zugreifen.

Nun werden einige wie Prof. Dr. Manfred Spitzer (geb. 1958), Universität Ulm, einwenden, dass Kinder und Jugendliche kein Internet benötigen. Digitale Demenz soll ihnen erspart bleiben. Diese Minderheitenmeinung ist keine Lösung für das genannte Problem. Wir benötigen im Internet tief implementierte Zugriffsbeschränkungen für Kinder, die ihnen einen angemessenen Umgang mit dem Internet ermöglichen. Das soll ihnen die Kenntnis moderner Programmierinstrumente erlauben, aber auch beispielsweise ihre Eltern bei massenhaftem illegalen Download vor Strafzahlungen schützen. Eine solche Strukturierung des Internets würde wahrscheinlich auch mit den sog. Dark Sites Schluss machen, die für kriminelle Pädophilie-, Schleuser- und Waffendienste genutzt werden.

Wie das gehen soll? Da kann man ich mir verschiedene Lösungen vorstellen. In den USA werden in der internen Struktur der Internet-Seiten (sog. Tags) freiwillig Kennzeichen über die Altersbestimmung gespeichert. Das kann verpflichtend verlang werden. Ein spezieller Kinderbrowser kann diese Tags auswerten und den Abruf altersgemäß unpassender Seiten verhindern. Diese Funktion kann als Standardfunktion jedes Browsers vorgegeben werden. Dann könnten spezielle Kinder-Handys auch solche Sperren erkennen und anwenden.

Missbrauch des Internets muss aufhören

Sichern Sie Ihren herkömmlichen Briefkasten für Papierpost, damit niemand ein Feuer darin anzündet? Erwarten Sie, dass jeden Tag fünf oder zehn Briefbomben darin liegen? Natürlich nicht. Beim E-Mail-Postfach und bei Attacken auf das Smartphone nehmen wir solche Dinge hin wie schlechtes Wetter. „Neue Pille für Ihre Erektion", „Letzte Warnung", „Sie haben geerbt"., „Rechnung vom …", „Letzte Aufforderung" usw. sind Betreff-Zeilen in meinem Spam-Ordner von heute Vormittag. Über zwanzig solche Mails habe ich gelöscht. Nicht mitgezählt sind Werbemails, die von sich behaupten, dass man sie abbestellen kann, die sich aber nicht wirklich abbestellen lassen.

Noch frecher sind die Attacken auf das Smartphone. Kürzlich kam eine SMS. Als ich sie löschte, hatte ich offenbar automatisch und entgegen den gelten Konsumentenregelungen einen unbefristeten Vertrag mit einer völlig nutzlosen Firma, anscheinend aus den USA, abgeschlossen. Sie buchte als Fremdleistung von meinem Konto anschließend monatlich 4,99 Euro ab. Auch hier wurde auf der Rechnung meines Mobilfunk-Providers gesagt, man könne das abbestellen. Das war aber eine Fake-Information. Bei der Hotline sagte mir der Mitarbeiter, das sei ihm auch schon passiert. Er hätte dann einen Prozess angestrengt und ihn, nachdem er 150 Euro bezahlt hatte, auch gewonnen. Erst dann habe es aufgehört. Sein Geld, die 150 Euro, habe er nicht zurück bekommen. Ich habe es anders gemacht: Ich habe bei meinem Mobilfunk-Provider die Abbuchung von Fremdgebühren sperren lassen.

Jetzt können die einen Prozess gegen mich führen, den sie verlieren, aber ich muss den Prozess nicht führen. Das ist ein großer Unterschied.

Bei diesen Aufzählungen sind die Attacken durch Schadsoftware (Malware wie Viren Trojaner, Erpresser-Software usw.) auf die PCs, die Smartphones und unsere Bankkonten gar nicht eingeschlossen. Fazit: Die Anzahl der Attacken lässt einen daran denken, sämtliche elektronischen Dienste zu kündigen. Wären sie bloß nicht so angenehm, da wo sie tun was wir erwarten.

Egal wie: Wenn das Internet Bestand haben will, muss dieser kriminelle Tummelplatz rasch geschlossen werden. Zweites Argument: **Wenn Politik und Polizei die Rechte der Bürger wirklich ernst nehmen, dann müssen hier personelle Kapazitäten bereitgestellt werden, die jedem Betrüger im Internet auf der Basis möglichst weltweiter Zusammenarbeit gnadenlos nachstellen.** Diese Sicherheitsteams müssen bereits tätig werden, wenn ein Mobilfunk-Betreiber sagt, er erhalte finanzielle Forderungen von Drittfirmen, die von vielen seiner Kunden bestritten werden. Hier muss derjenige, der Geld will, nachweisen dass er es zurecht will. Es darf nicht sein, dass er sich hinter dem Mobilfunk-Provider versteckt und seine Gelder einziehen lässt. Unfug ist, wenn jeder einzelne Kunde im Internet gegen eine gut verdeckte, kriminelle Gruppe vorgehen muss, und der Mobilfunk-Provider und die Polizeien entspannt zusehen, wie die Bürger im Netz zappeln.

Deshalb hier nochmals klipp und klar die Forderung:

Unternehmen und Personen, die über irgendwelche Internet-Funktionen betrügen, finanzielle Forderungen ohne offensichtliche Berechtigung stellen, Personen einschüchtern oder gar erpressen, Geräte der Bürger angreifen und Funktionen auslösen, die der Besitzer / Eigentümer nicht ausgelöst haben will, müssen von Staats wegen verfolgt werden.

Natürlich weiß ich, dass dies über die Vorgänge in der realen Welt hinaus geht. Man kann allerdings auch ein einfaches Antragsverfahren online einrichten, damit die Sicherheitsbehörden erste Anhaltspunkte haben. Vom Bürger Nachweise zu verlangen, wie dies heute BaFin usw. machen, kann aber rein gar nicht die Lösung sein. Die Forderung halte ich für berechtigt. Die reale Welt kann der Bürger durchschauen. Die elektronische Welt kann er nicht durchschauen. Mit diesem Argument hat man in den 1980er Jahren die Datenschutzbeauftragten eingerichtet. Dadurch wurde viel Missbrauch eingedämmt. Jetzt muss die Kriminalität ebenso eingedämmt werden. Ob man dann irgendwann im Internet so viel ordentliches Benehmen erreicht, dass dieser zweifellos hohe polizeiliche Ermittlungsaufwand wieder zurückgefahren werden kann, wird sich erweisen.

Rechtliche Gestaltung der 4 Leuchttürme

Wann werden wir lernen, Technik zu gestalten? Die Weber verarmten, als die schnellen Webstühle erfunden wurden. Die Akkordarbeit musste erst ihr verarmtes Proletariat schaffen, bevor sachgerechte Arbeitszeitgesetze eingeführt wurden. In Zeiten der Informationsgesellschaft müssten wir doch endlich schlauer sein. Unsere Phantasie reicht heute weit genug voraus. Unsere Gewerkschaften sind verantwortungsbewusst genug, um keine „Heizer auf E-Loks" zu fordern.

Keiner von uns will, dass seelenlose Computer die Herrschaft über uns erringen. Die Vorstellung, dass dies wie bei Science Fiction Filmen durch Kampfmaschinen oder Roboter geschieht, ist nicht realistisch, denn so weit werden die Menschen den Produktionsprozess nicht aus der Hand geben. Problematisch ist vielmehr, dass überall in unseren Computersystemen und den darauf aufbauenden Ablaufprozessen Programmmodule enthalten sind, die vielleicht einmal richtig waren, die dann aber unkontrolliert ihre mit der Zeit fehlerhafte Funktion immer wieder ausführen. So mag etwa ein Computersystem, das Sozialhilfe auszahlt, eine Zeit lang absichtlich so programmiert worden sein, dass Menschen, die wegen hohen Blutfettwerten nicht zum Arzt gehen, erhöhte Krankenversicherungsbeiträge zahlen müssen. Wenn nun im Laufe der Zeit sich herausstellt, dass cholesterinsenkende Mittel zur Recht im Sinne einer unkritischen, flächendeckenden Prophylaxe - viele französische Kardiologen sagen das - abgelehnt werden und Menschen, die wegen einem etwas erhöhten Cholesterinspiegel nicht zum Arzt gehen, eher gelobt als benachteiligt werden sollten, dann muss das Krankenversicherungs-Programm natürlich angepasst werden. Sonst würde es den veränderten wissenschaftlichen Erkenntnissen nicht mehr gerecht werden.

Natürlich finden wir jedes Jahr eine enorme Zahl solcher neuer Erkenntnisse. Man muss alle Computersysteme folglich regelmäßig grundlegend modernisieren. Das sind Arbeiten, die Keiner gerne macht. Deshalb lässt man diese Arbeiten gerne liegen, über Monate oder Jahre.

Die erste Forderung an moderne Systeme mit Algorithmen der künstlichen Intelligenz, der neuronalen Netze und der Quantencomputer ist deshalb:

Alle Computersysteme müssen ständig oder je nach Fallgestaltung in kurzen zeitlichen Abständen, aktualisiert werden.

Wer glaubt, dass dies passiert, wenn es vorgeschrieben wird, kann als naiv angesehen werden. Eine nicht sanktionsbewehrte Regelung setzt heute kaum jemand um, denn lieber spart man das dafür notwendige Geld. Deshalb:

Alle Computersysteme müssen in angemessener Weise jährlich bewertet und bezüglich ihrer Richtigkeit testiert werden. Zuwiderhandlungen sind zumindest Ordnungswidrigkeiten mit hohen Strafzahlungen.

Diese Testate benötigen Testfälle. Testierte Systeme müssen dann „versiegelt" werden, um spätere absichtliche oder unabsichtliche Manipulationen zu verhindern. Auf anonyme Kontrollen verlasse ich mich ungern. Genauso wie wir heute alles selbst prüfen können, die Profiltiefe an den Autoreifen, den Spritverbrauch und unser Girokonto, muss dies auch bei weit komplexeren künftigen Systemen der Fall sein. Mein Vorschlagsieht dazu ist wie folgt:

Alle Computersysteme müssen so betrieben werden, dass der von der Bearbeitung Betroffene sich selbst über den Status ein zutreffendes Bild machen kann.

Das alles ist in den heutigen Datenschutzgesetzen im Grunde angelegt. So systematisch und so rigoros wie hier beschrieben, wird es aber heute trotz der grundlegenden und rigorosen Überarbeitung der Datenschutzregelungen durch die Europäische Kommission nicht verlangt und auch nicht durchgeführt.

Doch selbst dieses reduzierte Niveau ist nicht Standard. Wir sagen dazu „Es menschelt bis hinauf zu Gott Vater". Gemeint ist, dass bei Kernkraftwerken, bei Starkstromanlagen und vielem mehr zwar oft Kontrollen vorgeschrieben sind, diese aber nicht ernsthaft durchgeführt werden. Beispielsweise kennen wir heute den staatlichen Datenschutzbeauftragten. Viele sind sehr engagiert, manche sind überengagiert. Eine große Zahl sieht ihre Arbeit gelassen und kennt keine Eile, wenn sich ein Bürger an sie wendet und um Hilfe bittet. Der Bürger selbst hat auch keine Möglichkeit zu erkennen, welche Art von Datenschutzkontrolleur er vor sich hat, den Engagierten oder den Lässigen. Sicher, das ist heute schon ein Thema, das Sorgen macht. Aber künftig wirken sich diese Lässigkeiten erheblich schwerwiegender   aus.

Auskunft, Löschen und Alternativen müssen alle sensiblen Computersysteme bieten

Nur zu wissen, dass etwas nicht gut ist, befriedigt nicht. Natürlich wollen die Betroffen dann erreichen, dass sie die fehlerhafte Datenverarbeitung nicht bezahlen müssen und ihr Ergebnisse aus der Welt geschafft werden. Außerdem wollen sie einen Ersatz. Sie haben diese Datenverarbeitung aus wichtigen Gründen vornehmen lassen.

Daraus leiten sich folgende Anforderungen ab:

- Betroffene müssen eine umfassende Auskunft über „ihre" Datenverarbeitung erhalten.
- Falsche Daten müssen entweder zur Beweissicherung aufbewahrt und für andere Zwecke gesperrt werden. Oder sie werden auf Antrag des Betroffenen gelöscht.
- Soweit es sich um Verarbeitungsvorgänge handelte, die etwa zur Gesunderhaltung, medizinischen Diagnose oder Therapie durchgeführt worden sind, müssen zeitnahe Alternativen angeboten werden. Das kann auch über andere Unternehmen oder Dienstleister erfolgen.

Recht zu erfahren, welchen Techniken und Algorithmen man ausgesetzt ist

Nicht immer ist es so dramatisch, dass Fehler entstehen oder entstanden sind. Viele Menschen sind jedoch verunsichert, wenn sie in sozialen Netzen, Blogs oder Hinweisen von wirklichen oder vermeintlichen Spezialisten lesen, dass eine Verarbeitung nicht optimal ist. In dem Fall muss man ihnen die Sicherheit geben, die sie sich versprechen. Das sind keine unüberwindbaren Anforderungen. Wer heute etwa den Grauen Star am Auge operieren lässt, erfährt sehr viel über die Vorgehensweise und ihre Risiken. Das lässt sich oft über einen verständlich gestalteten Flyer realisieren. Dann kommen sicher noch ein paar mündliche Fragen. Aber eine wirkliche Belastung entstehen durch solche Maßnahmen nicht. Sicher ist nur, Prozesse einer Bananenrepublik werden ausgeschlossen. Und viel wird auch der Markt richten. Bürger gehen dann dort hin, wo sie sich gut informiert und gut aufgehoben fühlen.

Recht zur Ablehnung automatisierter oder halb-automatisierter Entscheidungen

Viele Menschen denken, dass sie, wenn sie von einem anderen Menschen begutachtet und behandelt werden, mehr Qualität erhalten also wenn sie von anonymen Maschinen mit zum Teil größeren Teams bewertet werden. Wie wir aus der Diskussion der neuronalen Netze wissen, können Menschen intuitiv Dinge erkennen, die eine Maschine so nicht erkennen kann. Der Vorteil der Maschine ist allerdings, dass sie nicht müde wird. Sie arbeitet auch die längsten Checklisten erbarmungslos und zuverlässig ab. Ein menschlicher Bewerter sagt eventuell, wenn er den Unmut des Betroffenen erkennt, dass man jetzt aufhören könne. Auch so können viele Fehler passieren.

Man wird es nie jedem recht machen können. Das ist auch nicht nötig. Wir können und sollen jedem Betroffenen das Recht geben, die Bewertung zu erhalten, die sie sich wünschen. Möglich ist natürlich, dass eine menschliche Bewertung teurer oder zeitlich später erfolgt. Das wird man in einem gewissen Rahmen hinnehmen müssen.

Das Recht, eine automatisierte Datenverarbeitung abzulehnen, geben uns im Übrigen auch die Datenschutzgesetze. Sie verlangen, dass wir bei den nicht rechtlich vorgeschriebenen Verarbeitungsvorgängen (wie etwa der Steuerdaten-Verarbeitung) unsere Einwilligung in die Datenverarbeitung verweigern können. Das analoge Recht benötigen wir auch hier. „Haben wir doch!", wird mancher kecke Jurist sagen, denn das hier ist ja auch eine Verarbeitung personenbezogener Daten. Das ist zwar richtig, trifft insoweit nicht den Kern, als es hier nicht in erster Linie darum geht, etwas durch kommerziell kalkulierten Verzicht auf mögliche Alternativen durchzudrücken. Dem Bürger wird dann etwas vorenthalten, um ihn zu einer Datenverarbeitung zu zwingen, die er in Teilen ablehnt (z.B. Verwendung seiner Adresse zur Werbung, Zugriff eines App auf Standort- und Kontakt-Daten).

Es geht darum, dass der Bürger mit erheblich mehr Engagement als die Datenschutzgesetze heute unterstützen, erst einmal verstehen soll, was überhaupt passiert oder passieren soll. Wer mit Algorithmen, Künstlichen Neuronalen Netzen usw., kämpft, kann sein Anliegen nicht einfach einem Juristen geben, der es dann für ihn und gegen Behörden und Konzerne durchkämpft. In diesen Fällen muss der Bürger selbst erkennen und testen können, worum es geht. Dann mögen sich durchaus auch reine Datenschutzfragen stellen.

Unser Bewusstsein in der Digitalisierung

Keiner spricht es aus. Viele erkennen es wohl nicht. Unsere Gesellschaft ist eine Abschnitts-Gesellschaft geworden. Wir wechseln die Wohnung, den Arbeitgeber und oft auch die Arbeitsinhalte, den Partner und unsere Werkzeuge, vor allem die elektronischen. Was in den Abschnitten davor war, haben wir verdrängt. Nur wer professionell in einem Unternehmen etwa als Personalchef oder in einer Behörde als Verwaltungsreformer über Jahrzehnte diese Themen bearbeiteten, erinnert sich gut.

> Sind wir, was wir denken, wer wir sind? Oder haben schleichend neue praktische Verhaltensweisen der Informationsgesellschaft unsere vermeintlich guten Eigenschaften ausgehöhlt? Gönnen Sie sich hier ein theoretisches Sparring.

Tatsache ist: Massiv hat die Computertechnik unser Bewusstsein verändert. Ein paar Beispiele machen es auch denen klar, die sich nicht oft mit den Tendenzen beschäftigen.

- Unser **Empfinden für Gerechtigkeit** ist seit etwa 1970 fast pervertiert worden. Immer mehr Details wollen wir regeln und wenn sie nicht geregelt sind, dann jammern wir laut, wie ungerecht uns die Politik doch behandelt. Regelt man diese Nebensächlichkeiten, die im Jahr nur ein paar Euro ausmachen, dann sieht es so aus: Unsere Steuererklärungen, die Anträge auf Elternzeit und für Ausbildungsförderung nach dem BAFöG sind an Komplexität und Bürokratie kaum zu toppen. Diese Anträge sind so komplex wie eine Steuererklärung. Viele sitzen stundenlang daran. In den USA oder Australien sind es meist nur wenige Minuten, denn die Details kann man gar nicht angeben. Wer Elterngeld oder einen Platz in der Kita bzw. dem Kindergarten will, muss neben vielem anderen auch für jeden Monat sein Familieneinkommen angeben. Daraus berechnet die Gemeinde dann die Kindergartengebühren. Einerseits kann die Gemeinde diese Anträge nur über Computersysteme bearbeiten. Andererseits fragt man sich, ob die Mütter und Väter mit kleinen Kindern und die Mitarbeiter in den Gemeinden wirklich nichts Besseres zu tun haben, also solche verrückten Anträge auszufüllen bzw. in ihre Computersysteme einzugeben. Werden wir wirklich neidisch, wenn jemand monatlich 10 Euro beim Kindergarten spart, weil er irgendeine Lappalie nicht angegeben hat? Mit perverser Gerechtigkeit entsteht eine Neidkultur. Neid ist der schlimmste Spaltpilz einer Gesellschaft.
- **Unsere Gesellschaft zerfällt in viele heterogene Gruppen.** In den Städten leben nebeneinander die Alteingesessenen, die Zugezogenen, die Flüchtlinge aus den beiden Weltkriegen, die Gastarbeiter aus Italien und später der Türkei, die heute aufgenommenen Flüchtlinge, die Träumer von der Stadtluft und gleich nebenan die Stammkunden vom Bio-Bauernhof auf dem Land. Sie leben in ganz unterschiedlichen Situationen, oft eng und direkt aufeinander. Reiche in großzügigen Wohnungen mit häuslichen Kindern und pädagogisierenden Eltern. Daneben im gleichen Wohnhaus Migranten in engen Wohnungen, wo die älteren Geschwister wie nach dem Krieg überall bei uns die jüngeren Geschwister erziehen, meist außerhalb der Wohnung auf der Straße oder auf dem Spielplatz, weil es drinnen zu eng ist. Aber eines wollen alle: **Alle gesellschaftlichen Gruppen wollen mitbestimmen.** Etwa dann, wenn es um den neuen Bahnhofsplatz geht, wenn die Fahrradstraße festgelegt wird oder wenn ein Bebauungsplan entsteht. Das kann bezahlbar,

verlässlich und mit vollständigen Informationen nur ein Computersystem leisten. In einem Partizipationsportal müssen die Pläne vollständig und verständlich dargestellt werden. Jeder muss seine Meinung eingeben können. Wichtig ist, dass klassische Bürgerversammlungen parallel abgehalten werden, in den Stadtteilen. Die Technik und die Personen der Verwaltung müssen auf die Bürger zugehen. Anders herum klappt es erfahrungsgemäß nicht. Schon mancher Bürgermeister hat seine Ablehnung dieser Vorgehensweise mit dem Verlust seines Amtes bezahlen müssen.

- E-Government, Open Government und Open Data[43] sind die Techniken, die automatisch Antragsdaten für die Bürger etwa zur Steuererklärung zusammenfassen, die Pläne der Bundes-, Landes- und Gemeindeverwaltungen erklären und die Transparenz herstellen. Sehr beliebt in vielen Gemeinden ist der offene Haushalt. Jeder kann im Internet das Budget der Gemeinde anschauen, die Budgetanteile für Soziales, für Investitionen, für Senioren oder Kinder verändern. Dann zeigt der Computer an, wieviel Geld für die anderen Projekte frei oder gesperrt wird.

- Noch etwas spricht kaum einer aus. So sehr sind wir von der „political correctness" inzwischen verunsichert. **Kein Zufall ist, dass in den christlichen Ländern die Wissenschaften und die Technologie besonders erfolgreich vorankommen.** Die asiatischen Länder ziehen derzeit mit ihrem Pragmatismus nach. Bei uns gab die durch die weltliche Aufklärung geöffnete und völlig neu interpretierte Bibel den Ausschlag.

In China bestimmte das Denken moralisch gesehen stark Konfuzius (wohl 551 – 479 v.Chr), pragmatisch ging die Chinesen eher nach dem „I Ging" vor (das Buch der Wandlungen, viele Autoren u.a. chinesische Kaiser, hohe Beamte; Anfänge des I Ging stammen aus dem 3. Jahrtausend v.Chr.). Das ist für die einfachen Leute mehr ein Orakelbuch etwa für das Schafgarbenorakel, für die Gebildeten ein Inspirations- und Weisheitsbuch mit vielen hilfreichen Assoziationen zum erfolgreichen Handeln in der Gegenwart in Wirtschaft und Regierungsstellen. Daneben steht das „Tao Te Ging" des Lao-Tse (6. Jahrhundert v.Chr.). Zu Lao-Tse haben wir alle ein Gedicht von Bertold Brecht in

> Neben unserem Denken müssen wir auch unseren Glauben schulen. Wir glauben mehr als uns bei Nachfragen bewusst ist.

der Schule gelernt, das wir jetzt wieder mal nachlesen könnten. Das „I Ging" ist ein Manager-Buch, in dem erfolglose und erfolgreiche Kaiser aus dem chinesischen Reich in Jahrhunderten ihre Erfahrung niedergeschrieben haben. Jedem unserer modernen Manager und Politiker ist es in der Übersetzung von Richard Wilhelm sehr ans Herz zu legen. Es liest sich – nach etwas Eingewöhnen in seine Denk-

---

[43] Was es heute gibt und was zu machen wäre, beschreibt Georg E. Schäfer in „Bürger wollen eine Regierung zum Mit-Machen: Erwartungen an Open Government und transparentes Regierungshandeln" (Vorlesungsmanuskript aus 2013 für Vorlesungen an der Universität Mannheim, beziehbar über amazon.de oder thalia.de). Der Stand von 2013 ist leider bis auf die Steuerverfahren fast unverändert. Deutschland hinkt hier im internationalen Vergleich enorm nach. Dass Staatssekretäre unter Leitung des Bundesinnenministeriums seit Jahren beauftragt sind, hier Fortschritte zu erzielen, hat leider wegen den Vorbehalten einiger sich völlig überschätzender Länder zu praktisch keinen Erfolgen geführt.

weise - schnell und ersetzt wochenlange Kurse. Übrigens: Im 15. Jahrhundert hat China die ganze Welt erforscht[44] und dieser Wissensdurst bricht derzeit erneut aus, falls Zensur, kontraproduktive Internet-Sperren und staatlicher Kontrollwahn ihn nicht doch noch unterdrücken.

Dieser in Europa / USA und China / Japan weltanschaulich begründete Fortschritt steht im Gegensatz zu den Ländern mit anderen Weltanschauungen. Wieso ist das so? Unser Verständnis von der christlichen Verantwortung ist selbst in denen brennend aktiv, die sich für Atheisten halten. Das ist deshalb interessant, weil das, was viele von uns als säkularisierte Welt ansehen, tatsächlich ganz eindeutige christliche Werte verkörpert. Die radikale Arbeitsethik von Martin Luther (1483-1546) haben inzwischen beispielsweise Alle in eben diesem radikalen Maß übernommen. Das halte ich für überzogen. Der Mensch benötigt Muße für seine eigenen Gedanken. Diese Selbstliebe, von Charlie Chaplin im Alter sehr schön beschrieben[45], müssen wir uns alle gönnen.

Die Umwelt und die soziale Gerechtigkeit erkennen viele von uns, vor allem die mit starkem Individualismus versehene Mittelschicht, im heutigen sog. postmaterialistischen Zeitalter als eine wichtige Herausforderung und Aufgabe. Wir forschen, hinterfragen und ändern unser Verhalten. Wir wollen, dass „es" global besser wird, denn die Zusammenhänge haben wir verinnerlicht. Unser Denken und unsere Macht, etwas Positives umzusetzen, haben sich in der Wissensgesellschaft grundlegend verbessert. Online Petitionen und selbst private Kommentare in sozialen Netzwerken gehen um die Welt. Jeder kann für einige Zeit wichtig werden! Andy Warhol (1927-1987) hatte uns das schon vor Jahrzehnten vorhergesagt[46]. Informationen jeder Art stehen uns Tag und Nacht in fast beliebiger Tiefe und in sekundengenauer Aktualität zur Verfügung. Und unsere weltweiten Ansprechpartner sehen rund um die Uhr in Facebook und anderen Vernetzungssystemen nach dem Neuesten. Die Informationen werden immer genauer, die Forschung weiß jeden Tag mehr und die Produkte im Shop verfügen laufend über mehr begehrte Funktionen.

Noch nie waren so viele miteinander vernetzt. Jeder von ihnen ist gewohnt, eine Meinung abzugeben und sie aber auch zu korrigieren, falls entsprechende Gegenargumente auftauchen. Aufgeschlossen sein für die inkrementelle Näherung an das, was wohl die Realität sein dürfte, ist uns in Fleisch und Blut übergegangen. Die kleinen Bilder, die mit einem Mail- oder Message-Text gesendet oder gepostet werden können (sog. Emojis), sind seit 18 Jahren für den Zeichensatz der Geräte definiert und sie werden inzwischen von 3,2 Milliarden Menschen verstanden. Interessant ist, dass überwiegend positiv bewertete Emojis benutzt werden.[47]

Wir haben „Alles" bekommen und wollen jetzt „Immer Alles"

Die Internet-Suchmaschinen, allen voran Google, ermöglichen uns, „Alles", also alle an das Internet angeschlossenen und für die Öffentlichkeit freigegebenen Server bezüglich aller Informationen zu durchsuchen. Die Vertreiber der elektronischen Karten wie „Here" oder „Google Maps" zeigen uns „alles" von der ganzen Welt auf ihren Karten. Amazon erlaubt uns, „alles" zu kaufen, vom frischen Obst, über Bücher, Kinderkleider usw. usw. In Ebay und Amazon können wir weltweit „alles" verkau-

---

[44] Gavin Menzies, 1421 – Als China die Welt entdeckte, 2002, Droemersche Verlagsanstalt, ISBN 3-426-27306-3

[45] www.op-vermittlungen.de/resources/File/charlie-chaplin-selbstliebe.pdf *(Abruf Dezember 2017)*

[46] „In the future everybody will be world famous for fifteen minutes." https://www.zitate.eu/author/warhol-andy/zitate/174995 (Abruf Dezember 2017)

[47] Dass überwiegend mit positiver Bedeutung versehene Emojis verwendet werden, liegt auch an der Politik der Emoji-Zulassung, dem Unicode-Management.

fen. Facebook und viele andere soziale Netzwerke bringen „alle" aus der ganzen Welt zusammen, seien es unsere privaten und familiären Kontakte sowie unsere beruflichen Ambitionen. Unter bahn.de können wir „alle" Eisenbahn-, Bus-, Straßenbahn- und U-Bahn-Verbindungen Europas abrufen und unsere Reisepläne zusammenstellen. Booking.com und HRS.de erlauben uns dies weltweit bei Hotel-Buchungen. Bei Amazon und Books on Demand und vielen anderen können wir „alles", was wir geschrieben haben, sofort veröffentlichen und in den Verkauf geben. Damit sind sicher noch nicht alle Möglichkeiten genannt: Youtube, Twitter, Dropbox usw. sind noch gar nicht beschrieben. Streamingdienste für Audio und Video, für Hörbücher und vieles mehr geben uns „fast alles". Wir müssen es bloß antippen.

Das kennen wir. Das haben wir. Das nutzen wir. Jetzt ist eine Erwartungshaltung entstanden, die sich auf alles erstreckt. Die öffentliche Verwaltung soll genauso funktionieren. Autos wollen wir genauso generell kaufen. Den elektronischen Flohmarkt wollen wir ebenso. Unsere Ärzte wollen wir Tag und Nacht kontaktieren und von ihnen auch eine blitzschnelle treffende Diagnose erhalten. Doch ganz so einfach geht es nicht. Die Techniken für Finanzdienstleistungen, Versicherungsportale usw. beruhen auf den vier Leuchttürmen. Da brauchen wir Geduld und für hochwertige Lösungen müssen wir uns als Konsumenten ebenfalls etwas anstrengen. Und wir müssen Zeit investieren.

Heute schon ist unser Zeitmanagement gefragt, wenn wir glücklich leben und unser Leben im Griff behalten wollen. Wir lernen, uns in bestimmte Dinge intensiv zu vertiefen und dies zu genießen. Andere Dinge erledigen wir im Nu über hochwertige Internet-Portale.

Doch irgendwie verbleibt beim Online-Käufer und Nutzer von Online-Portalen zu oft nach einer Aktion ein leeres Gefühl. In Stapeln realer Kleider zu stöbern, sie zu riechen, zu betasten, ist halt doch etwas faszinierenderes als nur am Bildschirm zu leben. Wirkliches Essen auszuwählen ist befriedigender als am nächsten Tag aus einer Schachtel teils gutes und teils verwelktes Gemüse herauszuholen. Den Blumenkohl hätte man dann lieber etwas kleiner als den Brokkoli gehabt, statt Romana-Salat wäre doch ein kleiner Chinakohl mit Feldsalat unsere erste Wahl gewesen, hätten wir die Ware nur sehen können. Ein Gespräch, bei dem die Chemie stimmt, mit einem Finanzdienstleister ist viel befriedigender als wenn wir nachts immer wieder eine halbe Stunde lang ein immer anderes Portal mit immer neuen Angst-Geschichten und Hoffnungsschimmern überfliegen.

Unser Kaufverhalten wird sich also weiterhin verändern. Wir werden beides nutzen. Im Stress die einfache Online-Bestellung. In unserer Muße wollen wir durch die Läden gehen. Allerdings muss das Angebot dort anders aufbereitet werden. Wir wollen „alles" kaufen können und möglichst auch „alles" gleich mitnehmen. Viele Händler wie manche Sportartikel-Läden haben sich des Themas beispielhaft angenommen.

Hier entsteht der Trend, der uns in einer unendlich großen Informationsgesellschaft eine Orientierung und Zufriedenheit gibt. Wie er aussieht gestalten wir mit. Beginnen wir doch gleich damit. Falls wir gedankenlos unsere Stärken übersehen, können wir auch „alle lokale Infrastruktur verlieren". Die lokale Zeitung, in der jeder zu Wort kommen wird, den lokalen Lieferenten von einfachen oder besonderen Leckerbissen, den lokalen Handwerker statt den von MyHammer.de, die Stammkneipe statt den Lieferservice und die lokalen Geschäfte (mit realen Besuchen im Laden oder online-Einkäufen) statt Amazon.de. Nicht immer wollen oder benötigen wir das geschilderte neue Einkaufsgefühl. Viel Freude macht es auch, einfach normal zu bleiben, mit Leuten, die auch Fehler haben, zu reden und zu handeln. Nachsicht üben gehört genauso zum Leben wie Perfektion verlangen. Und beides befriedigt uns, in der richtigen Mischung.

Verachten wir diese lokale Infrastruktur, dann wird sie uns später fehlen. Ist sie einmal verloren, lässt sie sich aber nicht mehr schnell aufbauen, falls sie überhaupt noch aufgebaut werden kann. Realisiert wird sie nämlich von Personen, die ihr Lebensziel dementsprechend aufgebaut haben, die dann gescheitert sind (wenn wir diese lokale Infrastruktur nicht am Leben halten) und die dann beruflich in irgendeine andere Richtung oder in eine soziale Notlage abwandern.

Wir wollen "alles". „Alles" ist aber nicht nur im Internet. Wir müssen „alles" im realen Leben tagtäglich auch am Leben halten, ihm Profit gönnen und es unterstützen. Nicht als Pflichtübung, sondern als kluges strategisches Manöver für unser eigenes nachhaltiges Wohlbefinden!

Der Glaube an das Gute und den Fortschritt charakterisiert die Informationsgesellschaft

Die Physik und Alltagstechnik sind die Grundlage für die meisten Annehmlichkeiten unseres Lebens. Die Naturwissenschaften mit Physik, Chemie, Mathematik (historisch eine Geisteswissenschaft), Medizin, Biologie usw. bilden somit die erfolgreichste Wissenschafts-Kategorie, sozusagen ihr Paradepferd[48]. Das ging nur über erhebliche Verwerfungen, Zweifel und immer wieder erarbeitete radikale neue Konzepte. Die Geschichte der Physik ist eine Geschichte der Philosophie, von Aristoteles (384 v. Chr – 322 v. Chr.) über Galileo Galilei (1564-1641) bis zu den Atomphysikern Heisenberg (1901-1976), Schrödinger (1887-1961), Einstein (1879-1955), Carl Friedrich von Weizsäcker (1912-2007) im und nach dem zweiten Weltkrieg und der Entscheidung der amerikanischen Physiker Atombomben zu entwickeln. Heute philosophiert unter anderem Stephen Hawking (geb. 1942) über die Zeit.[49]

Grundlage allen physikalischen Denkens ist das **physikalische Modell**.[50] Maxwell berechnete elektrische und magnetische Felder. Niemand hatte vorher so was als Teil der Physik angesehen, etwas, das man nicht anfassen und nicht schmecken kann. Dann kam einer aus Ulm und fand, dass ziemlich viel relativ ist. Er beschrieb auch den gekrümmten Raum. Wieder eine einfache Idee, die auch andere hätten haben können, hätten sie nur quer gedacht: Wenn rund um die Erde Gegenstände vom Himmel fallen, die alle gleichzeitig zur Zeit t losgelassen wurden, dann sind sie zur Zeit t+x der Erde näher gekommen, jeder Gegenstand auf dem nächsten Weg zum Erdmittelpunkt. Dokumentiert man die Lage aller Gegenstände zur Zeit t+1, t+2, ..., t+10 dann bilden sie in der Gesamtheit einen gebogenen oder gekrümmten Zeitraum. Das war zu beweisen.

Jetzt kommen welche, die widersprechen Albert Einstein nicht in dem, sondern in einem anderen Punkt. Sie sagen, es gäbe Geschwindigkeiten größer als die Lichtgeschwindigkeit. Das müsse so sein, denn Teilchen seien auch Wellen, die von $-\infty$ bis $+\infty$ reichen. Vernichtet man ein solches Teilchen irgendwo auf unserer Erde oder im Weltraum, dann müsse es doch spontan und gleichzeitig auf der ganzen Welt verschwinden. Eine nette Idee, die wir bei den Quantencomputern nochmals aufgreifen, bloß beweisen müsste man sie noch. Daran wird ernsthaft mit hohem finanziellen Aufwand, auch mit chinesischen Geldern, gearbeitet. Aber ein Teilchen vernichten, ohne dass andere Teilchen entstehen, geht nicht.

---

[48] Ich weiß natürlich, dass in allen Wissenschaften derartige revolutionäre neue Konzepte verwendet wurden.
[49] Wer mehr wissen will: Rooney, Anne, Geschichte der Physik: Von den Naturphilosophen bis zum großen Rätsel der dunklen Materie, tosa
[50] Penrose, Roger, The Emperor's New Mind, Oxford University Press, 1989

Man muss gar nicht so weit gehen, um die Modellbildung der Physik zu begreifen. Gegenstände abstrahiert die Physik als Schwerpunkte. Bei der Lichtbrechung abstrahiert die Physik die Millionen tatsächlich vorhandener Lichtwellen und arbeitet mit einer einzigen Linie. Fazit: Für Physiker wie alle anderen Wissenschaftler ist es selbstverständlich, in Modellen zu denken, und diese in Frage zu stellen, sobald jemand ein besseres Modell entwickelt hat. Kein Mensch denkt daran, dass hier plötzlich Stillstand eintreten könnte. Das Vertrauen in eine immer besser verständliche Zukunft ist so selbstverständlich, dass kaum jemand darüber redet.

Als Wissenschaftler mit unserem Studentenpfarrer einer technischen Universität kurz nach seinem Amtsantritt im Gespräch waren, meinte dieser, die Studenten seien ganz nett und arglos aufgeschlossen. Er wolle ihnen aber endlich das Gottvertrauen beibringen. Wenn er dieses Thema anschneide, würden sie ihn immer stehen lassen und einfach weggehen. Wir erklärten ihm, dass uns das nicht wundere. Diese Studenten hätten, selbst wenn er sie als Atheisten sähe, wohl mehr Gottvertrauen als er, der Studentenpfarrer selbst. Wir erzählten ihm vom Grundverständnis aller Naturwissenschaften, dass sie Modelle formulieren würden, die eine Annäherung an die Natur sein sollen. Jeder wüsste dabei, dass diese Annäherung anfangs nur grob ist, dann immer feiner wird und letztlich sogar in einem berechenbaren Algorithmus enden könne. Keiner würde daran zweifeln. Keiner hätte auch Zweifel daran, dass diese Welt, die sie so feingliedrig untersuchen, ihren Sinn und ihr Gutes habe. Man müsse es bloß finden. Im Übrigen dürfe er die Studenten nicht unterschätzen. Denen wird schnell langweilig und dann gehen sie halt.

Das, so erklärten wir ihm, würde auch für Fragen gelten, an denen die Theologie verzweifle. Wieso ist Gott böse? Wieso ist die Welt nicht bloß gut? Wieso gibt es Kriege? Wieso Leid, Schmerz, Folter, Grausamkeit so fein ausgeheckt, um sie möglichst bestialisch zu machen. Diese Fragestellung nennt man „Rechtfertigung Gottes" oder **Theodizee**. Eine vollständige Antwort auf die Frage nach dem Grund dieser extremen Bestialität, die der doch so gute Gott zulässt, wissen wir immer noch nicht. Immer wieder inspiriert und fordert uns diese Ungerechtigkeit heraus. Manfred Lütz in „Gott" und Axel Hacke in „Die Tage, die ich mit Gott verbrachte" sind zwei Beispiele von vielen.

Doch Gott hat uns zum Arbeiten nicht bloß Hände sondern auch einen Kopf gegeben, den wir auch einsetzen sollten. Klar ist: Aggression unter Tieren ist ein Mittel der Männchen, um den Weibchen eine Phase der Ruhe zu gönnen, damit sie ihre Jungen aufziehen können. Das ist aber wieder empirisch. Mit welchen Werkzeugen können wir denken? Mit der klassischen zweiwertigen Logik, die nur wahr und falsch kennt und durch eine mehrwertige Logik (wahr, falsch, unsicher, usw.) nicht abgelöst werden kann. Außerdem mit der Prädikatenlogik „alle x ..." und „es gibt ein x ...". Das ist nicht viel. Zudem hat der Mathematiker Kurt Gödel (siehe oben) schon als Student bewiesen, dass wir auch mit diesen simplen Instrumenten etwas komplexere Theorien nicht mehr beweisen können. Nun gut. Dieses Instrumentarium lassen wir jetzt auf die Theodizee los, mit einem so genannten indirekten Beweis. Nehmen wir an, Gott könne „nur gut" sein. Wäre alles gut, dann dürfte es kein „weniger gut" geben, denn dieses würden wir als „schlecht" ansehen. Da per definitionem Gott die Welt immer nur gut machen dürfte, lebten wir in einem traurigen Einerlei. Wir dürften nicht in einer Diskussion gegen einen anderen gewinnen. Wir dürften nicht ein Jota mehr besitzen als andere. Ich dürfte dieses Buch nur schreiben, wenn jeder und jede andere ein exakt vergleichbares Buch schreiben würde. Die institutionalisierte Langeweile wäre vorprogrammiert. Die Frage bleibt natürlich, ob Gott dann so grausam sein muss, wie wir es in Aleppo oder im Holocaust erleben mussten. Doch auch die niederschwellige tägliche, nachhaltige Schlechtigkeit der Menschen gegeneinander, das Mobbing etwa, müsste doch nicht sein, sagt unser Empfinden.

Ja, richtig. Doch wir haben von Gott mit dem Kopf auch die Gefühle und unsere emotionale Intelligenz bekommen. Wir können mitleiden, wir können verzeihen, wir können jeden Tag neu aufstehen (ich verwende gerne den Begriff „auferstehen"). Wir können uns solidarisieren und Druck aufbauen. Wir müssen die Welt nicht so lassen, wie sie ist.

Auch wenn wir, solange wir gesund sind, immer an das Gute glauben, sind das Leiden und die Verzweiflung nicht aus der Welt verschwunden. Jeder von uns wird sterben. Jeder von uns kann eine unheilbare Krankheit bekommen, etwa eine Kreislauferkrankung, eine Lungenerkrankung oder eine der vielen Krebskrankheiten. Dabei werden wir auf uns zurück geworfen. Unsere Familie, die wir vielleicht aus Karrieresucht, Geldgier oder Sexismus lange missachtet haben, gehört letztlich zu den wenigen Personen, die uns dann noch stützen. Der Gedanke an Gott kommt uns in diesen existentiellen Situationen in den Sinn. Was wären viele froh, wenn sie rechtzeitig gelernt hätten, mit Glaubensdingen umzugehen. Denn auch das will gelernt sein. Denken und Glauben, Fühlen und Mitfühlen sind Fähigkeiten, die uns nicht zufallen. Sie sind mythische Realität! Wir müssen sie regelmäßig schulen, an die veränderte Wirklichkeit anpassen. Denn auch Religionen und Weltanschauungen ändern sich. Wenn wir heute in unseren Städten etwa 23% evangelische und 23% katholische Gläubige haben, dazu etwa 16% Muslime, dann bleibt ein großer Rest von knapp 40%, der kaum gelernt hat, sich mit den existentiellen Grenzsituationen des Lebens vertraut zu machen. Von Plastikreligionen spricht man, wenn allerlei asiatisches mit gefühlt westlichem und einigem Absurden zusammengemischt und „geglaubt" wird. Doch weil wir alle sterblich sind, kommt eine solche Grenzsituation auf jeden von uns zu. Wir könnten uns dann theoretisch in künstlichen Schlaf versetzen lassen („sedieren" sagen die Palliativmediziner), bis wir verdurstet und verhungert sind. Doch wollen und können wir letztlich so sterben? Angesichts unserer Freunde, Kinder und unserem Partner, die wir plötzlich mit anderen Augen sehen?

Das Fazit ist, dass der Fortschritt sicher – sofern wir in Frieden weiter leben dürfen – zunimmt, eventuell sogar exponentiell. Doch auch künstliche neuronale Netze und Exascale Computer mit komplexen Algorithmen werden uns das Bewältigen von Grenzsituationen nicht abnehmen können.

Hypothese: Menschen können jetzt und Computer demnächst autonom denken

Regelmäßig, so wie sich auch Moden leicht variiert wiederholen, diskutieren die Medien, ob der Mensch einen freien Willen hat oder ob er betriebsblind der Masse hinterher rennt. Gibt es ein autonomes und freies Denken? Zuerst wäre zu klären, was mit dieser Vorstellung verbunden wird. Das fällt leichter, wenn das grobe Modell der oben beschriebenen Neuronalen Netze verwendet wird. Demnach besteht Denken darin, dass Gehirnzellen Sprache, Bilder oder sonstige Reize aufnehmen und in einer Serie von Neuronen und Synapsen je Gehirnbereich sequentiell aber in verschiedenen Gehirnbereichen durchaus auch parallel verarbeiten. So werden emotionale und rationale Verarbeitungsschritte häufig parallel ablaufen. Auch mögen bestimmte Worte an Theorien oder gute Vorsätze erinnern und so Assoziationen parallel zur direkten Verarbeitung wecken. Diese Verarbeitung hört auf, wenn bestimmte Neuronen sagen, dass sie jetzt zufrieden sind, etwa weil die Verarbeitung im Rahmen eines geordneten Weltbilds oder eines „balanced lifestyles" passt.

Vertreter der Meinung, es gebe keinen freien Willen und kein autonomes Denken verweisen darauf, dass im Körper biologische Prozesse ablaufen, bevor das Gehirn zu einer Entscheidung kommt. Der Körper wisse also vor dem Bewusstsein im Gehirn das Ergebnis und entscheide letztlich ohne das Gehirn. Gedanken müssen durch biochemische Prozesse vorbereitet werden. Wie sollte Denken auch sonst vor sich gehen? Computer arbeiten ja ähnlich. Der Server bearbeitet die Anfrage des Bildschirms und gibt sie dann in technisch komprimierter Form an den Bildschirm zurück, der sie in verständlicher Weise ausgibt. Dann erst weiß der Benutzer, was der Server gefunden hat. Der Server wird bei seiner Bearbeitung durch diese Aufgabenteilung nicht manipuliert. Wieso sollte das bei dem biochemischen Prozess so dramatisch anders sein? Zugestehen muss man allerdings, dass das Gehirn nur die Neuronen und Synapsen seines bisherigen Erfahrungsbereichs aktivieren kann. Das ist so wie beim Übersetzen durch Neuronale Netze, wenn selten vorkommende Texte und Sprachwendungen zu verarbeiten sind. Hier werden die Neuronalen Netze unscharf, denn sie konnten ja nicht ausreichend viel zu diesen Themen lernen. Beim Menschen springt dann ein Algorithmus an, der sagt „Informiere dich!". Das könnte man beim Computer genauso vorsehen. Menschen lassen sich für das Lernen gegebenenfalls Tage und Wochen Zeit. Beim Computer müsste man sich an so ein Verhalten wohl erst gewöhnen. Wir denken beim Computer immer an Antworten in Sekunden. Wer als Forscher etwa das Verhalten von Fluor-Atomen auf Platin untersucht, erwartet die Antwort allerdings nicht schneller als in einer oder zwei Wochen. Und selbst dann erwartet er keine richtige Antwort, sondern müht sich über ein oder zwei Jahre, in immer besseren Modellen die Realität zu beschreiben.

Autonomes und freies Denken, so weit sind wir jetzt gekommen, findet im Rahmen unseres im Laufe des Lebens erworbenen Erfahrungshorizonts statt. Dabei erkennen wir, wo wir Lücken haben und neue Gedankenimpulse benötigen, indem wir sozusagen die Distanz des Problems zu unserem einschlägigen Erfahrungswissens messen.

Alles das kann ein Computer auch machen. Voraussetzung ist natürlich, dass die Computersysteme auf der Basis der Technik der Neuronalen Netze nicht nur Übersetzen und Sprache in Texte wandeln, sondern auch Anwendungsbereiche abdecken. Ziegel auf Dächern verlegen, wie es Roboter mit AI/KI in den USA machen, wird dabei ein nettes kleines Anfangsproblem sein. Mehr muss kommen, etwa Neuronale Netze zur Geldanlage (besser etwas Gold oder Immobilie mit teilweisen Schulden kaufen?), Altersvorsorge, Fortbildungs- und Urlaubsplanung mit Reiseorganisation und Sportübungen nach einer Geburt zur Wiederherstellung einer sportlichen Figur. Doch wir denken auch daran, Computersysteme mit Neuronalen Netzen als Avatare zu verwenden. Der Avatar ist ein umfassendes App, dem wir kurz- oder längerfristig zu lösende Aufgaben geben können. Wenn wir uns beispielsweise vertieft mit Neuronalen Netzen beschäftigen wollen, geben wir dem Avatar den Auftrag, uns hierfür ein kurzweiliges / vertiefend wissenschaftliches Lehrvideo zu beschaffen oder zu erschaffen, wobei wir uns nur x Minuten mit dem Thema beschäftigen wollen. Alternativ könnte man nach einem Kurs suchen lassen, an dessen Ende ein anerkannter Studienabschluss einer renommierten Universität oder einer anerkannten anwendungsorientierten Fachhochschule steht.

Und worin besteht jetzt das Denken des Computers? Er muss unser Vorwissen einbeziehen, unsere Sprachkompetenz, unsere Ungeduld oder unsere Akribie bei diffizilen Aufgabenstellungen. Er muss wissen, ob wir lieber abstrakt denken oder lieber über knifflige Aufgaben uns den Stoff erschließen. Dazu muss er uns und die Aufgaben beurteilen. Das hört sich ganz anspruchsvoll an. So ist es auch, denn ausgehend von dem oben beschriebenen Sachstand ist da noch viel zu tun. Andererseits besteht überhaupt kein Anhaltspunkt wieso es unmöglich sein soll, die beschriebenen Aufgaben zu zergliedern und jeden Aufgabenteil sachgerecht und professionell abzuarbeiten.

Selbst wenn wir solche Avatare haben, ist der Computer noch kein Gesprächspartner für intellektuelle Diskussionen. Dabei benötigen wir Schlagfertigkeit, die Fähigkeit Wissenslücken souverän zu überspringen und zu verdecken und eine hohe emotionale Intelligenz um uns in unseren Gesprächspartner einzufühlen. Denken allein reicht nicht. Die menschliche Kompetenz im Bereich der Gefühle, Ahnungen, Ängste und Sorgen ist noch eine Komplexitätsstufe weiter oben anzusiedeln.

Dennoch: Das menschliche Denken und die computergestützten Neuronalen Netze sind prinzipiell und strukturell nicht mehr so weit auseinander. Autonomes und freies Denken beim Menschen muss man bejahen, obwohl der Mensch nur auf der Basis seines Erfahrungshorizonts und seiner persönlichen Haltungen entscheiden will und kann. Beim Computer muss man das autonome und freie Denken als prinzipiell möglich ansehen. Computer könnten sachlicher und auch fleißiger als Menschen alle (irgendwo in irgendeiner Sprache verfügbaren) relevanten Informationen und Aspekte einbeziehen. Ob sie dann auch eine Angst-Gewichtung mit den gesammelten Informationen mit aufbereiten, ob sie eigene Sorgen quälen und sie sich Hoffnungen auf etwas machen, werden wir dann ja rechtzeitig programmieren und sehen.

Die Zukunft ist spannend. Die benötigte Rechenleistung wird exponentiell wachsen. Wer entsprechende Aktien kauft, müsste einen Gewinn einstreichen können, der mindestens dem bereits erwähnten Prozentsatz der Bundesschatzbriefe aus meiner Jugendzeit entspricht.

Das menschliche Denken allein reicht nicht, unsere Zukunft weiter zu gestalten. Der Fachkräftemangel wird zunehmen. Selbst wenn die BRIC-Staaten[51] eines Tages einen so hohen Prozentsatz an Akademikern haben werden wir die EU-Staaten Deutschland und Frankreich, wird das nicht ausreichen. Ich denke etwa an die Mitte 2017 entwickelten medizinischen Therapien zur Krebsbekämpfung mit individuell hergestellten T-Zellen des Immunsystems. Eine Lösung, die Krebs bekämpft, aber so komplex ist, dass sie heute über 400.000 US-$ pro Behandlung kostet. Enorme Computerleistung ist notwendig, um solche Lösungen zu entwickeln und sie später in einer massenweisen Produktion zu erträglichen Kosten in die medizinische Praxis mit standardisierten Therapieformen umzusetzen.

Computer müssen also denken lernen, weil wir sonst unsere Träume und Vorstellungen von einer künftigen besseren Welt nicht umsetzen können. Alleine schaffen wir das nicht. Denken beschränkt sich hierbei auf die Sammlung von Sachdaten und deren Auswertung mit den Methoden von Big Data. Tiefes Empfinden, musikalische und sonstige künstlerische Gaben und Vergnügen werden einem Computer in absehbarer Zeit nicht geschenkt werden können. Der Mensch kann ohne diese Dinge jedoch kein erfülltes Leben führen.

Mythen in der Wirtschaft hat Norbert Bolz (geb. 1953)[52] beschrieben. Wieso ein Markenname wichtig ist, war eine seiner Fragestellungen. Wieso kaufen Kunden einen Audi Geländewagen, obwohl sein Getriebe anscheinend dem in einem Yeti entspricht, der erheblich weniger kostet? Ist es nur das Aussehen, das gebogene Blech? Nein, in einem Land, in dem Geiz geil ist, kann das nicht die Antwort sein. Mich haben die Arbeiten von Norbert Bolz animiert, die Quintessenz seiner Überlegungen zu formalisieren und prägnanter auszudrücken, insbesondere für Anwendungen in der Politik.[53]

Jede Werbeagentur, jeder Filmemacher weiß heute, wie man mit Mythen umgeht. Hochprofessionell! Die Mythen in einem Film wie „Maverick" müssen zeitlich gut geplant und in einem systematischen Aufbau in den Film eingebracht werden. Das Hängen von Maverick am Anfang weicht dem Eselsritt, dem perfekten Umgang mit dem Revolver in der Poker-Szene und so weiter. Alle Klassiker der US-Filmgeschichte waren zu ihrer Zeit und sind heute noch wahre Kunstwerke der Mythen-Präsentation.

Mythen haben zwei Eigenschaften, die vielfach missachtet werden. Wer sie nicht kennt, kann keinen Erfolg haben.

- Erstens muss man wissen, dass sich Mythen kombinieren lassen, falls sie voneinander inhaltlich unabhängig sind, so wie Maler ihre Zeichen kombinieren. Ganz einfach: Kombiniert man „–„ und „>" dann entsteht ein Pfeil „->". Ein sehr viel aussagefähigeres, mächtigeres, manipulierenderes Zeichen! Richtig: Das Ganze ist mehr als seine Teile. Nicht anders ist es bei Mythen etwa in der Politik. Der Kanzlerkandidat der SPD in 2017, Martin Schulz, wurde hier offenbar nicht gut beraten, denn er setzte in seinen Wahlkampfreden meistens einen Mythos „Gerechtigkeit", „Digitalisierung" usw. bloß neben einen anderen ohne sie zu kombinieren. Das verstärkt die Mythen nicht, sondern zerredet sie.

  Die Finanzbranche kann ihre Mythen besser kombinieren. Hier weise ich darauf hin, denn unsere ganze Gier, der Neid und die Ellenbogen-Mentalität unserer Gesellschaft bauen auf diesen Mythen auf. Ich fahre ein einfaches und etwa zehn Jahre altes Auto. Denn erstens ist ein Auto äußerlich - spöttisch gesagt, um Mythen zu zerschlagen - nur „gebogenes Blech". Zweitens ist jedes Auto, wenn ich dann erstmals den Schlüssel umgedreht habe und auf die Autobahn eingebogen bin, nicht das Beste, was da herumfährt. Kaufe ich einen BMW X5, überholt mich ein Porsche Cayenne. Kaufe ich den, fährt ein Tesla vorbei. Habe ich den, kommt ein verträumter Rolls Royce mit Hausbar und Chauffeur auf der rechten Spur daher und genießt die Langsamkeit. Also will ich wieder mehr. Immer widersprüchlich, was für Mythen nicht selten ist! Das kann nicht der Inhalt meines Lebens sein.

- Zweitens haben Mythen keinen Wahrheitswert. Sätze wie „Deutschland ist ungerecht.", „Das kannst du so nicht sagen!", „Wir leben auf hohem Fuß." sind nicht wahr und sie sind nicht falsch. Der Grund ist, dass Mythen viel zu viele Interpretationen haben. Drei Personen verstehen jeden Mythos auf fünf oder sechs Weisen. Wer mit Anderen schon eine sog. „Bibelarbeit" gemacht hat,

---

[52] Norbert Bolz, Die Wirtschaft des Unsichtbaren, Econ Verlag
[53] Georg Schäfer, Mythen: Mit der unsichtbaren Energie rechnen, Bod Verlag

kennt das: Jedes Teammitglied berichtet ein ganz anderes Verständnis von der ausgewählten Bibelstelle.

Mythen sind also weder wahr noch falsch. Vielen Chefs und Politikern ist das unbekannt. Sie würden sonst nicht versuchen, auf diejenigen, die sie ansprechen wollen, mit Mythen-Formulierungen zuzugehen. Mythen müssen konkretisiert (instantiiert[54]) werden. Zu den drei Sätzen oben kann man folgende Instantiierungen angeben, über deren Wahrheitswert man dann streiten kann. „Es ist ungerecht, dass in Deutschland die Arbeitnehmer einen höheren Sozialabgabensatz zahlen als die Arbeitgeber.", „Ich kann nicht sagen, dass die Rechnung für den Boiler zu hoch ist, denn im Internet habe ich nur teurere gefunden.", „Wir sind diesen Monat sechs Mal im Restaurant Essen gewesen. Das sind über 30% unseres Einkommens." Jetzt nochmals zu den Chefs und den Politikern: Sprecht in Beispielen. Die Mitarbeiter und Wähler verallgemeinern die Beispiele dann selbst. Und diese eigene gedankliche Tätigkeit führt dazu, dass die Mitarbeiter und Wähler diese Gedanken innerlich annehmen, denn es sind ja ihre eigenen geworden.

Theologen müssen in diesem neu entdeckten Umfeld ihren Weg suchen. Sie können passiv einfach die Mythen der Bücher der Bibel erklären. Das bringt uns nicht weiter. Die Theologie in Deutschland muss sich nach dem Holocaust mit den Zwängen des täglichen Lebens und intensiv mit dem gesellschaftlich-politischen Geschehen auseinandersetzen. Das könnte interessant werden.

„Schmerzensmann", „Weltenrichter", „zürnender Gott" sind Mythen, die heute die meisten bibelfesten Gemeindemitglieder nicht in konkrete Handlungen umsetzen (instantiieren) können.

Weiter hilft ein Blick auf die Erkenntnisse der Mystiker. Die suchen sehr viel in der Erlebniswelt des Alltags und in ihren Spannungen. Dort stellen sie erstens fest, dass man sich selbst lieben muss, bevor man an Andere belehrend herangehen kann. Außerdem kommen sie auf viele befreiende konkrete Aussagen statt auf windelweiche Mythen. Leider meinen viele, Mystiker hätten mit Irrationalem zu tun. Das Missverständnis kommt gerne auf, weil unsere Wissenschaftler die Bedeutung der Gefühls- und Erlebniswelt unterschätzen.

Die Wahrheit, nichts als die Wahrheit, schon wegen der Rückkopplung

Was? In der Wissensgesellschaft soll die Wahrheit wichtig sein? Gerade dort, wo gelogen, getäuscht und getrickst wird, was nur geht. Werbegesellschaften haben nichts anderes im Sinn, als die wirkliche Wahrheit über ein Produkt zu vertuschen. Was war denn der Dieselskandal? Fast alle Autohersteller haben dem Bürger vorgegaukelt, die Autos würden von Euro 4, Euro 5 und bis Euro 6 immer sauberer. Dabei haben sie die Abgasreinigung praktisch vollständig ausgeschaltet, solange das Auto im realen Straßenverkehr und nicht auf der Messstation gelaufen ist. Faktisch ist das Auto von Abgasnorm zu Abgasnorm immer dreckiger geworden, weil die Abgasreinigung immer mehr abgeschaltet

---

[54] Das Wort habe ich der Theorie der Datenbanken entnommen. Dort werden Datenmodelle erarbeitet, die ebenfalls keinen Wahrheitswert haben. Erst wenn sie mit Beispielen gefüllt werden (instantiiert werden), kann man sagen, ob die eingespeicherte Information richtig oder falsch ist.

worden ist. Schon der zweite Weltkrieg war auf Lügen aufgebaut. Kaum war der zweite Weltkrieg vorbei, schon am 15. August 1947, wurde weiter gelogen, als Indien in zwei Dominions aufgeteilt worden ist, in das heutige Pakistan und Indien. Menschen die zuvor friedlich in den Dörfern zusammenlebten, wurden aufgewiegelt und brannten ihren Nachbarn die Dörfer ab. Heute gibt es neue Höhepunkte des Missbrauchs der Wahrheit, wenn Erdogan in der Türkei jeden, der gegen ihn ist, als Terrorist bezeichnet, und Donald Trump von Fake News zu Fake News taumelt.

Dennoch: Einen oder Eine, die überzeugend lügen können, habe ich noch nicht getroffen. In der freien Gesellschaft sind doch alle diese Lügen und Täuschungen herausgekommen! Und was hatten wir Angst, als die E-Mails eingeführt wurden. Andere könnten uns, etwa im Namen unseres Chefs, Anweisungen geben und wir würden darauf hereinfallen, dachten wir. Alles Unfug. Selbst nachdem wir mehr als 10.000 Mails versandt und verwendet hatten, war es zu keinem einzigen Manipulationsversuch gekommen. Kein Wunder: Lügen ist gar nicht so einfach. Der Stil muss passen, der Inhalt muss in den bekannten Kontext in allen Details und Nuancen passen. Und man muss einen naiven Adressaten finden. Das ist für einen Außenstehenden unmöglich zu erraten, denn wer kennt schon den Inhalt einer Angelegenheit so genau, dass er wirklich überzeugend lügen könnte? Glauben diese Lügenbarone von Politikern wirklich, sie könnten in die Geschichte eingehen, ohne dass sie als Lügner identifiziert werden?

Wer in einem sozialen Netzwerk zu einem Ereignis ein manipuliertes Bild einstellt, will Macht ausüben. Macht, nur für eine kurze Zeitspanne. Lügen gibt es in dieser etwas abgeschwächten Form: als Notlüge für einen besseren Zweck und als Irreführung. Dabei versucht ein Insider der Wahrheit einen Dreh zu geben, der den Leser oder Zuhörer in die Irre führt. Ganz typisch ist etwa der Versicherungsnehmer, der in einem Versicherungsfall versucht, den Schaden größer zu beschreiben, als er wirklich ist. Auch beim Finanzamt versuchen immer mal wieder welche, die Abschreibungen aufzublähen. Das klappt ab und zu. Weil das Finanzamt aus Rationalisierungsgründen darauf verzichtet, die paar Euros ganz genau zu erheben. Große Gewinne gibt es dabei in der Regel nicht. Ich erinnere bloß an die professionell geplanten Cum Ex Geschäfte.

Seit den Wahlmanipulationen durch das Internet und der Wahl von Donald Trump als Präsident der USA sind Fake News etwas Normales geworden. Schon vorher hatten die Streitkräfte bei Kriegen versucht, unangenehme Wahrheiten zu unterdrücken. Inzwischen sind Fake News so selbstverständlich, dass das Misstrauen bei jeder Nachrichtenmeldung überwiegt. Geglaubt wird fast nichts mehr. Vergleicht man, wie historisch gelogen und getäuscht worden ist, welche emotionalen Begriffe und Behauptungen verbreitet wurden, geht es heute recht moderat zu. Die Verleumdung der Juden beispielsweise zu allen Zeiten der Geschichte, wann immer der Kaiser oder die jeweils Herrschenden einen Sündenbock benötigten, war erstens selbstverständlich und zweitens so massiv, dass es um Leben und Tod ging. Denunziationen in Jugoslawien, der UdSSR und der DDR oder in den früheren Jahrhunderten, seien sie wahr oder falsch gewesen, wurden als bare Münze genommen (selbst wenn die Wahrheit offensichtlich war), sofern dies ins Konzept passte.

Doch, und darum geht es hier, in einer offenen und auf die Zukunft hin ausgerichteten Gesellschaft ist jede Art von Lüge und Irreführung ein Bremsklotz für die Entwicklung. Werden Missstände falsch dargestellt oder Sachverhalte tabuisiert, dann entstehen gesellschaftliche oder wissenschaftliche Fehlleistungen, die sich plötzlich zeigen und enorme Anstrengungen benötigen, um sie abzuarbeiten.

Eine offene Gesellschaft ist deshalb zwar eine der am heftigsten diskutierenden Gesellschaften, aber andererseits auch die Gesellschaftsform, die am einfachsten positiv fortschreiten kann.

Oft fragt man sich, wieso die westliche Gesellschaft so innovativ und erfolgreich ist. Ein Grund dafür dürfte auch in der Religion liegen. Jesus Christus, von dem trotz vieler Berichte in der Bibel unterm Strich wenig konkrete Äußerungen vorliegen, war in allen diesen Berichten ein unerschütterlicher Vertreter der Wahrheit. Sei es, dass er im Tempel gegen die scheinheiligen Verkäufe von Devotionalien auftrat, oder in Diskussionen seine jeweiligen religiösen Gegner klar und hart anging. Beeindruckend sind die wenigen, in den Büchern der Bibel enthaltenen Aussprüche und Aktionen von Jesus. Dort reißt er offensichtliche Lügengebäude ein. Das geschieht in einer Zeit totaler Verklemmungen, furchtbarer Ängste vermittelt durch die diktatorische römische Besatzung und tausenderlei Regeln der Theologen. Viele sagen, die Wunder, die Jesus getan haben soll, seien etwa erklärlich als eine Spontanbefreiung von diesen Zwängen. Ob sie so abliefen, wie beschrieben, weiß man nicht. Ein Gutteil Dichtung wird man den Büchern schon zugute halten dürfen. Jesu Verhalten war jedenfalls bezüglich der Wahrheitsliebe so überzeugend, dass auch die kirchlichen Versuche, etwa zu Zeiten Galileo Galileis, Wahrheiten mit aller denkbaren Gewalt zu unterdrücken, erfolglos blieben. Nicht nur das Bild von unserem Universum hat sich dadurch geändert, auch die menschliche Seele wurde in der Psychologie untersucht und immer genauer beschrieben. Wo Mystiker wie etwa Seuse im Mittelalter oder heute Anselm Grün[55] von Vernunft und Glaube sprechen war klar, dass überall, wo ein Konflikt zwischen Glauben und Vernunft erscheint, die Vernunft Recht erhalten muss.

Die Haltung von Jesus haben wir – unmerklich? – übernommen. In den Wissenschaften auf jeden Fall! Auch wir hinterfragen Tradiertes. Auch wir bestehen auf Grundsätzen etwa im Konsumenten-schutz, Datenschutz, bei der wahrheitsgemäßen und vollständigen Aufklärung über Krankheiten, Unfälle wie Flugzeugabstürze. Der Trend zu Open Government zeigt, dass wir auch unsere Regierenden und ihre Arbeitsweisen und Ergebnisse ganz genau ansehen wollen. Open Government heißt in den USA, Deutschland und in anderen demokratisch höher entwickelten Mitgliedstaaten Europas, dass das offizielle staatliche Handeln und dabei vor allem der Staatshaushalt mit allen Details ver-ständlich offengelegt werden. Viele Kommunen bieten im Internet einen Haushalt, bei dem der Bür-ger selbst die Gewichte verschieben und seinen Version des Geldausgebens vorschlagen kann.

Geplante Gesetze sollen in der jeweiligen Entwurfsphase im Internet einsehbar sein und wir wollen dazu unsere Kommentare abgeben. Online wollen wir Petitionen unterschreiben und Missstände anzeigen. Das Bundes- und Landesrecht wollen wir selbst in der jeweils aktuellen Fassung lesen kön-nen. Welcher Abgeordnete wie abgestimmt hat, wollen wir wissen, denn das bestimmt unsere Wahl-entscheidung. Alles das und viel mehr haben wir heute.[56] Vielmehr Bürger sollten es einmal auspro-bieren, reinschnuppern und in ihren Alltag integrieren.

In anderen Weltanschauungen ist dies nicht, schon gar nicht in vergleichbarer Dimension, der Fall. Diktaturen fürchten die Transparenz. Wo sie doch längst durchschaut sind von ihren Bürgern. Nur wenige Gesellschaften sind aus der Geschichte bekannt geworden, in denen offen und aus wirkli-

---

[55] Anselm Grün, Michael Grün, Zwei Seiten einer Medaille – Gott und die Quantenphysik, Vier-Türme-Verlag

[56] Mehr dazu in: Georg E. Schäfer, Bürger wollen eine Regierung zum Mit-Machen: Erwartungen an Open Government und transparentes Regierungshandeln, beziehbar u.a. über Thalia.de, Amazon.de.

chem Interesse geforscht worden ist. In China gab es 1421[57] eine Phase großer Anstrengungen die gesamte Welt zu verstehen. Sie haben die chinesische Forscher ihrer Zeit dazu veranlasst, die Welt in alle Himmelsrichtungen zu bereisen und zu erforschen. Das Buch „1421" beschreibt dies in faszinierender Weise. Leider kam es danach zu dem Rückzug der Chinesen auf ihr Land und auch die Vernichtung von großem Wissen. Lügen und staatlich verordnete Blindheit hatten wieder die Oberhand gewonnen.

Jeder, der souverän in einer offenen Gesellschaft lebt, kann sich die Angst vor der Wahrheit nicht vorstellen. Dennoch gibt es sie auf viele Weisen. Offenbar sind Politiker aller Couleur allergisch gegen Wahrheit. Macht ist eine Sucht, die kopflos macht. Anders Buddhisten: Sie betonen zu sehr ihre Weltabgewandtheit, um die Welt zu erforschen. Sie kennen auch den Begriff der Verantwortung nicht im christlichen Sinne. Dieses Verantwortungsgefühl bringt uns auch dazu, die Welt genauer anzusehen, gerecht zu sein gegenüber dem Opfer und dem Täter von Konflikten, Tabus aufzudecken und unangenehme Wahrheiten zu erkunden.

Der Wahrheit verpflichtet zu sein ist für jeden, der bei uns Erfolg haben will, ein wichtiger Faktor. Korruption und Vetternwirtschaft, Kartelle und illegale Absprachen kommen immer an das Tageslicht. Das übrigens schon deshalb, weil die Gier bei denjenigen, die damit einmal angefangen haben, schnell so groß wird, dass sie nicht mehr aufhören können. Oder einer der Beteiligten beginnt die anderen zu erpressen. Jetzt mögen viele einwenden, dass laut Statistiken die Schäden solcher illegalen Geschäfte in die Milliarden gehen. Das wird in der Tat berichtet. Doch berücksichtigen sollte man, dass davon meines Erachtens Abstriche zu machen sind. Nicht alle, die gemeinsam ein Haus bauen, die einmal unter der Hand etwas einander verkaufen sind kriminell. Bei manchen bürokratischen Regelungen stellt sich schon die Frage, ob die Bürger oder die Regelungen im Unrecht sind. Oft gebe ich den Regelungen die Schuld. Dass wir mit den Computern unser Gerechtigkeitsstreben pervertieren, habe ich bereits ausgeführt. Zu viel davon erzieht eine Bevölkerung nicht zu Ehrlichkeit, sondern zur Umgehung von Regelungen, die als ungerecht und schikanös empfunden werden.

Als ich im Ministerium auch für die Verwaltungsreform zuständig war, begegnete ich immer wieder Lobbyisten, die meinten, eine Regelung sei ungerecht bürokratisch. „Man müsste viel Mehr, ganz andere Dinge regulieren.", sagten sie dann weiter. Am Ende des Gesprächs hatten sie Regelungsvorschläge unterbreitet, die das gesamte wirtschaftliche Leben stranguliert hätten. UJnd so kommen viele Regelungsvorschläge ins Parlament. Die Abgeordneten erhalten diese Bürokratievorschläge, wissen nicht wie ablehnen, und dann wollen sie auch noch ihren Wählern zeigen, wie sehr sie sich für ihre Interessen einsetzen. Am Besten setzt man sich jedoch für die Wähler oftmals ein, wenn man alle diese verrückten Vorschläge für neue Regelungen schlicht vergisst.

In der Wissens- und Informationsgesellschaft sind die Sachverhalte vernetzt und hängen voneinander ab. Wirf im Hausbau aus Umweltgründen eine erhöhte Isolation der Außenwände verlangt, dann verteuert sich der Hausbau, weniger neue Wohnungen entstehen, die Brandgefahr nimmt wegen den teilweise leichter brennbaren Isolationsstoffen zu und die Mieten steigen, weil die Baukosten steigen. Verbietet man die altmodischen Glühbirnen, weil sie zu viel Wärme bei zu wenig Helligkeit ausstrahlen, dann werden teils mit Schadstoffen und seltenen Mineralien neue Glühelemente gebaut, die mehr Energie zum Bau benötigen und schlechter zu entsorgen sind. Zwei Folgerungen sind hieraus zu ziehen: Erstens, wie schon Max Weber (1864-1920) sagte, muss sich der Politiker (und wir

---

[57] Gavin Menzies, 1421 – Als China die Welt entdeckte, Droemer

alle genauso) **in jedes Thema vertieft einarbeiten**, bevor er Vorschläge macht, wie künftig besser verfahren werden soll. Zweitens gilt, dass es keine einfachen Lösungen gibt, **weil alles, was an einer Stelle verändert wird, sich auf viele andere Stellen auswirkt.** Wer immer fehlerlos sein will, wer immer alles besser wissen will, wird sich immer wieder furchtbar blamieren. Wir müssen lernen, dass wir nicht alles perfekt haben können und dass wir bei den Regulierungen auch fünf gerade sein lassen müssen.

Eine ganzheitliche Lösung ist eine Lösung, die in die „göttliche Ordnung" passt. Wer den Kreislauf der Prozesse in unserer komplexen Welt nicht berücksichtigt, und meint, einfache Lösungen müssten her, läuft in die Irre. Niemand hat gesagt, dass es einfache Lösungen gibt. Ich kenne keine Stelle in der Bibel, in irgendeinem Buch einer Weltanschauung, in der versprochen wird, Komplexität sei vermeidbar. **Komplexität ist unvermeidbarer Teil unseres Lebens.** Aber, bitteschön, jetzt nicht gleich in Panik verfallen. Es steht nämlich auch nirgendwo geschrieben, dass alles gleich, sofort und perfekt gelöst werden muss. Gute Lösungen sind die in einer Gesellschaft abgestimmten Lösungen. Nicht der ist gefragt, der schnell aus der Hüfte in die Nähe eines Ziels schießen kann, sondern derjenige, der geduldig einen Konsens herbeiführt, Fragen und Zweifel beiseite räumt und dann in einem Gemeinschaftswerk zeigt, wie es weitergehen soll. Dann allerdings sind auch Dinge wie Durchsetzungsvermögen, Charisma und Überzeugungskraft vonnöten. Zerreden und auf den Sankt Nimmerleinstag verschieben wäre grundfalsch.

Das Hauptproblem der Lügner ist bekanntlich, dass sie schließlich selbst ihre Lügen glauben. Dadurch verlieren sie ihre Macht. Und Macht gründet sich auf die Kenntnis von Fakten. Hohle Macht kann sich noch ein wenig halten, solange die meisten nicht merken, dass hinter dieser vermeintlichen Macht offensichtlich nichts steht als Arroganz und Dünkel.

Ohne Kompass ertrinken wir im Meer der Informationen

Sucht ist das genaue Gegenteil von dem, was hier propagiert wird. Ich denke jetzt gar nicht an die wirklich krankhaften Fälle der Spielsucht. Diese müssen professionell behandelt werden. Genauso wie ich nicht empfehle, sich selbst eine Lungenentzündung zu kurieren, halte ich es für anmaßend anzunehmen, man könne in einem Buch durch ein paar Ratschläge die Spielsucht heilen. Also: In solchen Fällen muss der Weg zum Fachmann gegangen werden. Viele Berufsgruppen raten übrigens ihren Mitgliedern, sich bei der Eigenheilung oder bei Rechtsstreitigkeiten zurück zu nehmen und bei ernsthaften Problemen das Sparring des Kollegen-Fachmanns zu suchen. Das gilt natürlich umso mehr für Laien.

Bei Ärzten war es lange üblich, dass sie ihre Arzt-Kollegen kostenlos behandelt haben. Das ändert sich gerade, die Gier nimmt offenbar überall zu. Juristen sagen, ein Jurist solle nie einen Prozess in eigener Sache führen. Gemeint ist dabei nicht, dass ein Jurist seine rechtlichen Angelegenheiten nicht selbst regeln soll. Es geht vielmehr um Rechtsstreitigkeiten, bei denen der Jurist persönlich emotional engagiert ist, wo er etwa aufgebracht ist, weil seine Ehre und Integrität in Zweifel gezogen werden. Abstand halten ist hier das Ziel, indem ein Kollege das Mandat erhält, den Prozess zu führen. „Pas de zèle!" sagen viele Diplomaten, wenn es darum geht, emotional schwierige Verhandlungen zu führen. Das heißt „Habe keinen Eifer!". Ein guter Rat ist das, wenn etwa mit einem Präsidenten zu verhandeln ist, der ein Massenmörder ist, vor dessen Taten sich jeder Ehrenmann ekelt. Und als ich, typisch deutsch und unerfahren, mit einem Amerikaner über seine Einstellung zu einem Arbeitskollegen reden wollte, der ihn offensichtlich wild machte vor Ärger, sagte dieser „Keep your distance!". Also, frei übersetzt könnte man sagen „Halte dich da raus!" oder „Halte Abstand und kümmere dich nicht darum!".

Das alles sind gute Ratschläge für unseren Umgang mit der Fülle an Informationen, die uns täglich, stündlich und sogar minütlich erreichen. Ein „balanced lifestyle" mit Sport, Muße, Geselligkeit und intensiver Arbeit kann nur gelingen, wenn wir uns eine Strategie aussuchen, wie wir aus der Nachrichtenflut das aussuchen, was uns wirklich weiterhilft.

Rolf Dobelli warnt in seinen vielen Ratgebern und Kolumnen[58] vor der „News-Illusion". Er empfiehlt, alle Zeitungen abzubestellen, keine Nachrichten mehr zu hören, im Internet und seinen sozialen Netzen wie Facebook keine Neuigkeiten mehr zu lesen. Unser Hirn, meint er, reagiere unverhältnismäßig stark auf aufsehenerregend formulierte Texte. Außerdem seien diese Nachrichten irrelevant. Schließlich erspare man sich dadurch enorm viel Zeit, die man gewinnbringender verwenden kann. Das scheint mir etwas über das Ziel hinausgeschossen zu sein. Mich inspirieren Neuigkeiten immer wieder dazu, mir über bestimmte Sachverhalte ernsthaft Gedanken zu machen. In meinem Beruf, der Informatik, ist es auch notwendig, Neuigkeiten aufzunehmen, etwa bei dem Auftreten einer neuen Schadsoftware mit einer neuen Vorgehensweise oder einer neuen Windows Version etwa mit einem 3D-Builder. Da erwarten meine Gesprächspartner von mir Orientierung vom ersten Tag an. Trotzdem hat Rolf Dobelli recht, wenn man seinen Ratschlag etwas verallgemeinert. **Wir benötigen eine individuelle Strategie zum Umgang mit der Informations- und Nachrichtenflut.**

Letztlich muss jeder selbst entscheiden, wie er mit den Fluten umgeht, die uns laufend umspülen. Als Informationsstrategie scheint mir im Sinne eines Vorschlags für ein allgemein nützliches Schema folgendes hilfreich:

- Jeder Beruf lebt heute von der rasanten Entwicklung seiner Erkenntnisse. Auch der Geschichtslehrer muss sich informieren, welche neue Funde etwa zum Entstehen des ersten Weltkriegs diskutiert werden. Die erste Komponente der Informationsstrategie muss also darin bestehen festzulegen, welche Informationskanäle die brennenden Neuigkeiten in unser geistiges Leben liefern sollen. Für Informatiker kann das etwa eine Fachzeitschrift wie c`t sein. Daneben kann man die BBC App oder n-tv auf sein Handy laden und sofern man sich für Aktiendaten interessiert, dürfte das Handelsblatt oder onvista.de eine akzeptable Wahl sein. Wer das hat und nicht alle fünf Minuten darauf schaut, ist gut bedient.
- Eine Reihe von Fachzeitschriften wird heute jeder benötigen. Die Näherin benötigt eine Zeitschrift oder ein Internet-Portal, das über neue Stoffe, neue Nähmaschinen und neue Muster und Moden informiert. Der Mediziner wird etwa drei medizinische Journale regelmäßig durchblättern. Daneben wird er noch Fachportale im Internet konsultieren, etwa eines wie den „myeloma beacon", der über Kongresse in Kurzform und bei Interesse in einer Langform berichtet. Als Informatiker sind mir die TechNews des ACM nicht so wichtig, weil man hier das Gras wachsen hört

---

[58] Rolf Dobelli, Die Kunst der klugen Handelns – 52 Irrwege, die Sie besser anderen überlassen, Hanser, 2012, S. 209ff

und über mögliche (!) Entwicklungen berichtet, die vielleicht in zehn Jahren nach vielen Irrungen und Wirrungen relevant sind. Die Zeitschrift der Gesellschaft für Informatik ist jedoch ein inspirierendes Blatt, genauso wie die Communications oft the ACM. An der Wirtschaft Interessierte mögen neben dem Handelsblatt noch den Economist und La Tribune überfliegen.

- Besonders wichtig ist mir jedoch die Zeit, die ich für mich reserviere – meine Mußestunden - , in denen ich mir meine eigenen Gedanken mache. Da kommen mir vielerlei Einfälle. Diese müssen geprüft, gefiltert, erhärtet oder verworfen werden. Dabei kommen die Instrumente der Informationsgesellschaft zum Einsatz. Das sind natürlich wieder spezialisierte Portale mit ihren Suchmaschinen und das legendäre Google mit seinen Partnern wie Bing. Vor allem den Portalbetreibern muss hierbei gesagt werden, wie immens wichtig eine korrekt eingestellte Suchmaschine ist. Ich kenne inzwischen niemanden mehr, der mangelhafte Suchmaschinen entschuldigt. Aber ich könnte ein paar Portale aufzählen, die tatsächlich glauben, an der Qualität der Suchmaschine ließe sich sparen und dennoch würden die Kunden kaufen. Was sollen sie kaufen, wenn sie nichts finden?

- Die altmodische Kommunikation mit Kollegen und Freunden bei einer Tasse Kaffee, einem Bier oder einem guten Mittagessen ist nach wie vor wichtig. Viele Neuigkeiten gehen einem da erst richtig auf. Plötzlich erkennt man, was vorher unscheinbar war. Plötzlich durchschaut man auch eine Neuigkeit als eine lediglich neu herausgeputzte alte Kamelle. Analog: Der Einkauf in einem realen, gut gemachten Laden ist, sofern mit Muße durchgeführt, ein Genuss und toppt jeden Online-Einkauf.

Eigentlich enttäuschend, wie wenig informationstechnische Instrumente Stand heute verfügbar sind, um uns an das heran zu führen, was uns wirklich weiterhilft. Und enttäuschend ist zudem, wie wenig technische Hilfsmittel uns davor bewahren, Rattenfängern nachzulaufen, die keine wirklich neuen Informationen bieten, sondern nur so tun als ob. Heute helfen nur spezielle Portale, Wikipedia kann man dazu zählen. Ebenso Gutenberg.org. Ihr Kennzeichen ist, dass sie von einer sachkundigen Gruppe von Personen am Leben gehalten werden, die - nicht von Neid und Gier geblendet -überwiegend nicht nur das eigene Geldverdienen im Auge haben.

Glück fließt zu denen, die lieben können

Im Mittelalter und davor waren die Menschen bereits froh, wenn sie keine Schmerzen und ausreichend zu essen hatten. Ungewollte und riskante Schwangerschaften waren eine große Gefahr für Leben und Wohlstand. An Glück zu denken war nur wenigen vergönnt. Heute wird es als selbstverständlich angesehen, dass jeder – wie etwa in der amerikanischen Verfassung formuliert - ein Recht auf Glück hat. Jeder will das Maximum, das permanente persönliche Glück.

Manchmal, ohne viel darüber nachzudenken, lässt man sich oft bei dem Thema an die Werbewirtschaft und ihre flotten Sprüche verkaufen. Ohne Urlaub gibt es kein Glück. Glück findet man bei einer Reise in die Südsee. Glück ist in der Wellness-Oase des Hotels XY verborgen. Glück findet, wer das Auto einer Premium-Marke fährt. Das sind gängige Klischees. Aber Glück kann man nicht kaufen.

Glück ist einerseits ein Geschenk. Andererseits erfordert es auch eine gewisse Anstrengung und eine Lebenshaltung. Glück muss gelernt werden, wie vieles andere auch. Wir sind heute nicht mehr gewohnt, über unser Leben und unseren Freundeskreis nachzudenken. Doch das ist eine Voraussetzung für das Glück. Wir müssen versuchen, was das Leben mit einer neuen, vielleicht überraschenden Wendung, uns Neues zeigen will. Steuern können wir vieles im Leben nicht, schon gar nicht welches Glück uns bereitet werden soll. Meistens, da müssen wir ehrlich sein, ist das Glück, das uns im Leben geschenkt wird, viel tiefer und befriedigender als wir uns das Glück ausgemalt hätten, wenn wir es uns hätten wünschen dürfen.

Folglich gehört zum Glück ein überraschendes Moment, das zu empfangen wir bereit sein müssen. Jeder hat schon erlebt, dass das Glück vorbeigegangen ist, weil wir wütend, in Eile, gelangweilt oder sonst abgelenkt waren. Typisch ist das bei den ersten Liebeleien. Ein bestimmtes Mädchen oder einen Jungen, der gerade ein paar Pickel hat, wollten wir. Ein anderer oder eine andere haben uns angesprochen. Wir haben nicht erkannt, welche Überwindung es gekostet hatte und welches Glück uns vorbereitet wurde. Erst als dieser Junge und dieses Mädchen sich weiter entwickelt und einen anderen Liebenden gefunden hatten, sind wir neidisch geworden. Das Glück hätten wir auch finden können.

Glück setzt also voraus, dass wir etwas lieben. Zuerst müssen wir das Leben und seine Vielfalt lieben. Dann sind wir von überraschenden Wendungen nicht mehr abgestoßen, sondern können ihre Chancen erkennen. Den Partner, der sich trennen will, bekämpfen wir dann nicht, sondern bleiben ihm in einem lockereren Verhältnis treu.

Alle diese Überlegungen kann ein Computer nicht wirklich anstellen. Ob das jemals geht, wissen wir nicht. Diese Grenzen der Technik sollten uns gelassen machen, und auch selbstbewusst. Übereifriges Arbeiten mit Karriereabsichten, permanentes spekulatives Lauern auf Schnäppchen und der Versuch, Glück operativ zu managen, gehen fehl. Dieses Kapitel reicht in Welten, die von Computertechnik frei sind.

Der Reichtum des unendlich vielgestaltigen Lebens wird uns auch glücklich machen, wenn wir die Augen aufmachen und das Glück ergreifen. Dazu müssen wir offen sein. Dazu müssen wir auf Vorgaben an das Glück verzichten. Kürzlich zeigte ein Dokumentarfilm im Fernsehen, wie in Indien und China vielfach Ehepartner gesucht werden. Dabei gibt es Vorgaben, etwa zum Einkommen und Vermögen (Haus, Auto usw. sind offenbar zwingend). Der Film zeigte sehr schön, dass viele Partnersuchende jahrelang erfolglos unterwegs waren. Der Stress und die Verzweiflung werden dabei immer größer, die Deformation der Persönlichkeiten nimmt ständig zu. Immer wieder schien bei einem Ehe-Kandidaten etwas nicht zu stimmen, die Schönheit, das Gewicht, das Viertel wo er wohnte, sein Einkommen. Schließlich wurde geheiratet, ohne Liebe, und mit sündhaft hohen Schulden, um die Hochzeit bezahlen zu können. So wird man nicht glücklich.

Glück erwartet, dass wir uns eine Lebenskunst zulegen. Nicht alles so ernst nehmen, ist ein Baustein. Gelassenheit! Die Persönlichkeit des anderen annehmen, ist ein weiterer Baustein zum Glück. Wenn sich zwei solche Personen dann sogar noch lieben (also auch bei Schwierigkeiten einander nicht verlassen, sondern gemeinsam neue Wege suchen), kann ihrem gemeinsamen Glück kaum mehr etwas im Wege stehen. Sie werden ihr Glück nicht verlieren, auch wenn sie einige Jahre die dementen Eltern versorgen müssen. Sie werden eine eventuelle Kündigung bei einem von ihnen nicht als harten Schicksalsschlag, sondern als Chance begreifen, gemeinsam einen neuen Weg einzuschlagen, zu einer noch befriedigenderen Beschäftigung. Diese Sätze könnte man in einem Land der Dritten Welt als oberflächlich ansehen, weil dort nicht so leicht wie bei uns ein Jobwechsel überbrückt werden kann und aus einem breiten Angebot eine neue Arbeit gefunden werden kann. Doch hier in Deutschland kann man diese Sätze ohne Vorbehalte sagen.

Bei meinen Einstellgesprächen habe ich meine künftigen Mitarbeiter zwar auch nach formalen Kriterien wie etwa einer guten Ausbildung ausgewählt. Entscheidend war für mich immer, wie sich meine Bewerber verhalten haben, wenn ich erzählte, welche Arbeiten in meinem Verantwortungsbereich so anstehen. Kandidaten, die mir überzeugend, etwa durch interessierte und intelligente Nachfragen, zeigen konnten, dass sie sich für keine Arbeit zu schade finden, habe ich regelmäßig sofort eingestellt und ihnen eine feste Anstellung versprochen. Kandidaten, die bei jedem Arbeitsvorschlag lange überlegen mussten, die Vorbehalte zu meinen Projekten hatten und die mir sagten, was ihnen mindestens zusteht, habe ich sofort wieder heimgeschickt. Wer das Glück nicht annehmen kann, kann keinen Erfolg haben.

Glück fließt also von alleine dahin, wo in diesem Sinne gelebt und gefühlt wird. Glück verlangt, dass wir in der Gegenwart leben, die Augen aufmachen, bewusst wahrnehmen was es Neues und Faszinierendes gibt. Wer sich beigebracht hat, daraus etwas zu machen, wird glücklich sein. Man sieht, Glück ist nicht beschränkt auf Intelligente, auf Hübsche und Reiche. Glück ist für alle da.

Was sind die besonderen Chancen der Informationsgesellschaft, um glücklich zu sein? Unsere das Glück begünstigende Lebenshaltung hat mit der Informationsgesellschaft wenig zu tun. Wahrscheinlich ist sogar, dass es den Menschen in früheren Gesellschaften leichter gefallen ist, glücklich zu sein. Früher war es generell nicht besser, für die Meisten eher schlechter. Günstig war, wenn jemand in finanziell guten Verhältnissen lebte, seine Fixierung auf einen Ort, einen Freundeskreis, einer Art nüchterne Heimatlichkeit.

Kürzlich haben wir mit einem älteren Opa über unsere Urlaubsreisen gesprochen. Sollen wir nach Spanien, in die Alpen oder auf die Kanarischen Inseln gehen? Er meinte, sie hätten halt mit Freundinnen und Freunden eine Tageswanderung in die Umgebung gemacht. Da seien sie immer sehr glücklich gewesen. Jetzt im Alter denke er noch gerne daran zurück. Versäumt habe er sicher einiges, aber das störe ihn nicht. Ebenso war man froh, überhaupt ein Auto zu besitzen. Ob matt oder metallic lackiert, war kein Thema. Nur: Wir können nicht mehr zurück. Wir müssen heute trotz und mit dieser großen Auswahl glücklich werden. Hier ist es wie bei der Flut von Nachrichten. Wir müssen lernen, uns zu konzentrieren. Everybody`s darling is everbody`s fool. Wenn wir souverän geworden sind, Neid und Gier abgeschaltet sind, bietet uns die Informationsgesellschaft viele kostengünstige Wege, die „ganze Welt" glücklich zu erobern.

Politik muss künftig besser beobachten und vorauseilend mit Bedacht eingreifen

Inwieweit kann die Digitalisierung unsere Politik verbessern? Bei der Diskussion der Leuchttürme habe ich immer wieder argumentiert, dass wir unsere Umweltschutzprobleme und auch die Herausforderungen der Weltwirtschaft ohne diese enorme Rechentechnik nicht bewältigen können. Dann müsste sich mit Computern doch viel mit den Erfolgen der Digitalisierung erreichen lassen. Oder doch nicht? Reicht die Hilfe nur für die Lösung der Sachprobleme? Wie tickt „die Politik"?

Aus mehreren Jahrzehnten Arbeit in Ministerien ist mir der Politikbetrieb bekannt. Politik funktioniert anders als viele denken. Erfreulich ist, dass eine ganze Anzahl von Politikern ihr Verhalten in der Politik nach ihrer persönlichen Einstellung gestalten. Bundespräsident Joachim Gauck und Ministerpräsident Winfried Kretschmann sind hierfür erfrischende Beispiele. Doch auch sie müssen sich nach der Decke strecken, sind also Sachzwängen ausgeliefert, denen eigentlich kein Politiker entgehen kann. Die wichtigsten Sachverhalte, die mir meine politikfremden Freunde kaum abnehmen, sind:

- **Die Parteiprogramme spielen in der Tagespolitik keine so dominante Rolle.** Demonstrativ setzen Politiker vor allem der Grünen und der SPD die Punkte aus ihren Parteiprogrammen um. Damit wollen sie der ständigen Kritik entkommen, die behauptet, die Politikverdrossenheit nehme zu, weil die Politiker sowieso machen würden, was sie wollen. In vielen anderen Punkten verhalten sich auch die Politiker dieser Parteien sehr sachorientiert. Das, was nötig ist, wird vor allem gemacht. Wer dann von außen darauf schaut und Kritikpunkte sucht, findet dann schon vermeintliche Belege, die Politiker würden tun, was ihnen halt so einfällt. In Wirklichkeit ist dem nicht so. Wenn die Umfragen zeigen, dass die Bürger ihre Haltung zu einem Thema geändert haben, dann ändern die Politiker auch ihre Haltung. Das ist aber nicht Willkür, sondern das anzuerkennende Bestreben, die Wünsche der Wähler zu beachten.
- **Politiker neigen dazu, Themen erst reif werden zu lassen, bevor sie diese angehen.** Typisch dafür ist, dass die Innenminister aller Parteien erst Polizeipersonal abbauten, weil sie zeigen wollten, wie gut sie dem Wunsch der Bürger entsprechen können zu sparen. Als die Terrorgefahr und die Anschläge zunahmen, haben sie schnell wieder Personal aufgebaut. Diese Haltung muss man kritisieren. Verständlich ist diese Haltung, weil die Medien einen Politiker, der gegen die Bürgermeinung handelt, schnell und ungerecht fertig machen. Will ein Politiker die Wahlperiode überleben, dann bleibt ihm also kaum etwas anderes übrig. Laien sagen mir dann immer, er kann doch sein Verhalten in der Öffentlichkeit begründen. Kann er, dabei würde er jedoch noch mehr fertig gemacht. Der Grund ist, dass unsere Medien nicht berichten sondern in ihren Berichten immer auch bewerten und verurteilen. Das ist eine falsche Haltung, die sich hier breit gemacht hat. Medien, vor allem die öffentlich rechtlichen Rundfunkanstalten, müssten dem sachlichen, unbewerteten Bericht verpflichtet sein. Das ist jedoch ganz und gar nicht der Fall. Manche Medien berichten den Sachverhalt in einem Artikel und geben einen Kommentar in einem Zusatzartikel ab. Das ist korrekt. Allerdings ist das die Ausnahme.
- Wenn ein Politiker nun alles richtig macht, sich nicht fertigmachen lässt, und doch etwas bewegen will, was er als notwendig ansieht, dann gilt ein anderes Gesetz. **Ein Politiker kann nur maximal drei Themen gleichzeitig in die Öffentlichkeit bringen.** Wieso? Der Politiker bekommt von den Medien nicht mehr Zeit für seine Anliegen, denn andere Politiker und Lobbyisten wollen auch in den Nachrichten vorkommen. Es ist also genau so, wie Karl Valentin schon sagte: Es passiert genau so viel, wie in eine Zeitung passt. Zudem muss der Politiker jedes Thema für die abendlichen Nachrichten mit zwei bis drei Sätzen abschließend aktualisieren. Im Internet, auf seiner Homepage oder auf der Homepage der Regierung, kann ein Politiker natürlich mehr sagen,

auch Hintergrundwissen verbreiten. Das hilft aber oft nicht, denn viele Journalisten kommen bereits zum Pressegespräch mit einer festen Haltung. Die soll bloß noch durch ein paar kernige Sätze untermauert werden.

- **Wenn die Medien einen Sachverhalt bewusst oder unbewusst falsch darstellen, kann sich ein Politiker kaum dagegen wehren.** Dies gilt für Politiker, Firmenchefs, karitative Organisationen und alle anderen. Fakt ist, dass für die meisten Journalisten die schlechten Nachrichten, die vermeintlichen Skandale und das was man als Fehlverhalten (und sei es nur das der Großmutter der Nichte der Frau) aufbauschen oder melden kann, die wichtigsten Nachrichten sind. Sachverhalte treten dahinter oft zurück. Politiker wehren sich dann auch nicht. Weil es von vornherein erfolglos ist. Ich habe in meinem Berufsleben kein Beispiel erlebt, in dem die Presse einen offensichtlich falschen Beitrag korrigiert hätte. Eine Anekdote mag dies erläutern. Als es in Baden-Württemberg darum ging, ob Stuttgart 21 (Tiefbahnhof in Stuttgart und die Schnellbahnstrecke von Stuttgart nach Ulm) gebaut werden oder nicht, war mit uns im Pendler-ICE von Ulm nach Stuttgart ein leitender Redakteur eines öffentlich-rechtlichen Senders. Er interviewte gut fünfzig Personen in der Stunde Fahrtzeit von Ulm und Stuttgart. Praktisch alle Interviewten sprachen sich für das Projekt aus. Die abendliche Sendung berichtete darüber falsch, nämlich in heller Entrüstung, wie man so ein dummes Projekt angehen könnte. Als Beleg wurde ein Spaß, den einer unserer Mit-Pendler machte, für den Irrsinn des Projekts angeführt. Der Kollege hatte schmunzelnd gesagt, dass er bei der Verkürzung der Reisezeit von heute 60 Minuten auf demnächst zwanzig Minuten künftig zuhause in Ulm zu Mittag essen könnte. Diese ständigen Verurteilungen des Projekts führten schließlich in Baden-Württemberg zu einer Abstimmung, die zugunsten des Projekts Stuttgart 21 ausging. Die Medien hatten ihr Ziel erreicht, die Auflagen und Einschaltquoten zu steigern. Der Politikverdrossenheit hatten sie dabei am meisten Schub verliehen.

Diese Politik- und Medienprozesse sind in der Informationsgesellschaft nicht hilfreich. Dort sind komplexe Themen zu behandeln, diese Themen sollte man nicht erst reif werden lassen und es werden mehr als drei Themen parallel sein. Die Gefahr ist groß, dass durch die sozialen Netze zusätzliche Missverständnisse aufkommen, die ergänzend zu eventuellen Schrägdarstellungen der Medien zu korrigieren sind.

Folgendes muss klar sein: Die Medien bleiben frei und können so schräg darstellen wie es Ihnen passt. In einer Zeit von Fake News und Shit Storms in sozialen Netzwerken, in der Nachrichten nach Belieben frei nach Gusto erfunden werden, ist das eine in einer Demokratie selbstverständliche Rahmenbedingung. Natürlich bleiben auch die Nutzer der sozialen Medien frei, solange sie in strafbarer Weise systematisch Bilder und Nachrichten fälschen. Strafbar muss sein, wenn beispielsweise behauptet wird, es habe einen Terroranschlag in der Stadt X gegeben und es werden Fotos aus anderen wirklichen Terroranschläge als „Beleg" dazu montiert.

Wieso ist denn bei den neuen Techniken, die weiter vorne beschrieben worden sind, die Politik so wichtig? Eine Gesellschaft, die künstliche Intelligenz und neuronale Netze mit Tausenden von komplexen Algorithmen nutzt, verändert sich schnell und tiefgreifend. Nimmt man als Beispiel die Gig-Economy, bei der künftig laut Zukunftsforscher etwa 40% der arbeitsfähigen Bevölkerung als Einzelunternehmer ohne sichere Anstellung über das Internet aus aller Welt kleine Aufträge erhalten, dann verändert sich die gesamte Gesellschaft massiv. Kinderbetreuung, Versicherungssysteme, Reiseverhalten und vieles mehr muss umgestellt werden. Das muss parallel zu der gesellschaftlichen Veränderung erfolgen. Es kann nicht sein, dass die Politik wartet, bis diese Themen reif werden.

In viel stärkerem Maße als wir es bisher gewohnt sind, müssen wir über uns nachdenken. Technikfolgenabschätzung ist dann Teil der Politikberatung. Das muss ausgebaut werden. In einem offenen Diskurs, etwa in Volkshochschulen, müssen wir verstehen und uns gemeinsam bewusst machen, was wir wie gestalten wollen. Unsere Politiker müssen, pro-aktiv wie man heute sagt (also vorauseilend), Konzepte vorlegen. Bürokratische Barrieren müssen verhindert und Untergangsszenarien müssen widerlegt werden. Ziel ist, die Freiheit zu bewahren und die kreative Kraft von Innovationen fortzuführen.

Glaube benötigt eine neue Sprache, in der Musik und in der Verkündigung

„Ich glaube gar nichts." Das sagen ernsthaft Gesprächspartner, wenn man darüber spricht, was man glauben kann und was nicht. Ludwig Wittgenstein (1989-1951), einer der frühen formalen Mathematiker und ein frommer Mann, schrieb im Tractatus Logico-Philosophicus, worüber man nicht rational und im Sinne der mathematischen Logik mit naturwissenschaftlichen Inhalten reden könne, darüber müsse man schweigen.[59] Damit wollte er die Philosophie von Unsinn bereinigen. Würde man den Satz allzu wörtlich nehmen und entsprechend handeln, dann wären wir alle bald seelisch krank. Der Mensch muss empfinden, muss glauben, soll ahnen und sich auch sorgen. Aber wie bei allem, soll der Mensch auch dieses lernen. So wie man kein Brot backen kann, wenn man es nicht geübt und schließlich gelernt hat, so muss man auch philosophieren, glauben und empfinden lernen. Brot backen ist ganz einfach, denkt man. Lediglich Mehl, Salz, Hefe und Wasser wird benötigt. Das Ganze mixt man zusammen und steckt es bei 200 Grad in den Ofen. Meinen viele Laien. Doch das wird allenfalls zufällig ein Brot, das sich aus den minderwertigen Broten bei viel Glück heraushebt.

Wie viel unser Glaube ausmacht zeigen bereits die Mythen. Alles was nicht konkret Gegenständliches ist, sind Mythen. Und welche riesigen Manipulationen und Selbsttäuschungen sind hier möglich. Mythen haben keinen Wahrheitsgehalt. So ist es auch mit Aussprüchen wie „Dem kann man nicht trauen. Der ist Rumäne." oder „Die Pfaffen lügen doch wie gedruckt." oder „Mit meinen Nachbarn will ich nichts zu tun haben." Fazit: Fast alles, was unser tägliches Leben bestimmt, ist irgendwo mit einem Allgemeingut verbunden, das hinterfragt werden muss, denn so wie wir es im Kopf haben, ist es offensichtlich unwahr. Wer auf dieses Hinterfragen verzichtet, tut sich keinen Gefallen. Er lebt nicht in der Gegenwart. Er (oder Sie) verzichtet auf das beglückende Erlebnis der Gesellschaft mit Anderen, die ebenso wie wir unvollkommen sind und dies genießen können. Darum geht es. Trotz seiner Fehler glücklich sein. Sich selbst muss man dazu die Fehler verzeihen, nachdem man erst einmal zu seinen eigenen Fehlern steht. Danach muss man die Anderen mit ihren Fehlern anerkennen und sie grundsätzlich tolerieren, auch wenn sie unvollkommen sind.

Viele rasen von einer gesellschaftlichen Gruppe zur Nächsten. Sie denken, dort irgendwo muss doch die perfekte Gruppe zu finden sein. Etwa eine Gruppe von Millionären, die immer erfolgreich sind,

---

[59] Ludwig Wittgenstein, Tractatus logico-philosophicus, Suhrkamp

keine Krankheiten haben und deren Kinder gleich nach dem Abitur wissen, was sie studieren wollen, dies tun, und mit 22 bereits eine eigene Firma haben. So geht das – Gott-sei-dank – nicht. Auch die Erfolgreichen müssen erst mal scheitern. Auch sie haben verstörende Verhaltensweisen. Wir brauchen also nicht immer andere Gruppen zu suchen. Nehmen wir doch unsere Nachbarn, Freunde und unsere Gruppen so wie sie sind. Uns geht es wie den Politikern mit ihren Wählern: Bessere finden wir nicht. Integrieren wir uns darin, finden wir darin unsere Erfüllung. Darin und in unserem Beruf.

Schon erstaunlich, wohin uns unsere Überlegungen zur Informations- und Wissensgesellschaft führen. Es sind genau die an sich einfachen Überlegungen, die in der Wissensgesellschaft gar nicht angestellt werden. Die Überlegungen machen aus uns einen vollständigen Menschen, der die Errungenschaften der Wissensgesellschaft überhaupt erst souverän und vollständig ausschöpfen kann.

Glauben hat viele Sprachen etwa die Musik, Architektur, Malerei und Bildhauerei. Genauso wie wir „Glauben" lernen müssen, sollten wir uns Zeit nehmen, eine Kunstrichtung intensiv zu praktizieren oder zumindest vertieft kennen zu lernen. Das ist ein Teil des Lebens, der nicht von KI/AI, Algorithmen und neuronalen Netzen beherrscht wird. Plötzlich wird klar, wenn man sich so betätigt, dass vieles in den Wissenschaften der Gegenwart fehlt. Und diese Klarheit benötigen wir, wollen wir die Technik beherrschen und nicht zulassen, dass die Technik uns beherrscht.

Glauben ist heute in der Informationsgesellschaft nicht mehr auf das herkömmliche Christentum beschränkt. Ein Beispiel dazu, „Liebe deinen Nächsten wie dich selbst." Ist eine der zentralsten Forderungen aus der Bibel. Viele Menschen, die einen nahen Angehörigen oder einen Nachbarn pflegen mussten, hat dieser Spruch schon in die Verzweiflung und extreme Überforderung getrieben. Dabei muss er nur interpretiert werden. „… wie dich selbst." Heißt, dass man sich wie Charlie Chaplin (siehe oben) seine Selbstliebe bewahren muss. Die Last der Nächstenliebe muss immer wieder aufgehoben werden, durch ein sog. Aufschnaufhaus oder ein Hospiz. Bernard de Clairvaux (1090-1150) hat dies deutlicher an einem Beispiel gezeigt. Man sei wie eine Schale, in der Wasser sich sammelt. Erst wenn diese Schale überläuft, könne man anderen helfen. Vorher könne man nur nach sich selber sehen. Doch es gibt noch mehr zu dem Thema: Interessant ist folgendes japanische Haiku:

> Auch einem der ihn bricht,
> schenkt er seinen Duft,
> der Pflaumenblütenzweig.

In dem japanischen Kurzgedicht, dem Haiku des ZEN-Buddhismus, wird die Fähigkeit, Demütigungen, Verletzungen hinzunehmen als eine selbstverständliche Eigenschaft jedes Naturwesens verstanden. Auch die Nächstenliebe wird erstens selbstverständlich geleistet, allerdings zweitens muss eine Lösung gefunden werden, solange der Zweig nicht verblüht.

Die Digitalisierung bleibt nicht Amerikanisch

Wieso haben Andere immer die großartigen Ideen und nicht wir? Viele sagen, weil die deutsche Ausbildung uns trainiert, unsere vorhandenen und bewährten Stärken weiter zu verfeinern statt nach neue Chancen Ausschau zu halten. Das stimmt wohl, allerdings ist es nicht auf Deutschland beschränkt. Die Fa. Honeywell war in den 1970er Jahren nach IBM der größte Computerhersteller der Welt. Nur Honeywell konnte das US-Militär mit 64-Bit-Großrechnern mit damals sagenhafter Rechenleistung ausrüsten. Für den Konsumentenbereich kamen diese Rechner erst in diesem Jahrtausend, also etwa 10 Technologiegenerationen später. Dennoch gibt es Honeywell seit Langem nicht mehr als Computerhersteller. Honeywell hatte sich im Bereich der Informationstechnik wie wir Deutschen auf seine Stärken beschränkt und gemeint, diese würden „ewig" ein profitables Auskommen sichern. Das war nicht der Fall. Ähnlich ging es Microsoft. Dort hatte man die Entwicklung zum mobilen Computer (Smartphone, Tablet usw.) verschlafen. Heute versucht Microsoft immer noch, diesen Rückstand aufzuholen, mit immer neuen Betriebssystemen für kleine mobile Geräte wie Smartphones. IBM hatte den Trend zum PC übersehen, wurde zeitweise fast bankrott und kämpft seither trotz ganz hervorragender technischer Patente und Leistungen mit diesem

> Garagenfirmen können mächtiger sein als die Internet-Giganten mit höchsten Marktwerten. Apple ist derzeit das wertvollste Unternehmen am Aktien-Markt mit über 750 Milliarden Marktwert.

Rückstand. Der Verkauf der PC-Sparte an Lenovo hat offenbar die Konzentration auf die anderen Geschäftsfelder nicht verbessert. Wie kann so etwas passieren? Die Leute lesen doch auch Zeitungen! Ja, natürlich, aber im Computerzeitalter sind neue Ideen stärker als milliardenschwere Konzernrücklagen. Und das ist es, was die Internet-Giganten Facebook, Apple, Microsoft, Google, Apple, Intel und CISCO und viele mehr heute fürchten: Morgen kommt eine Idee auf (Quantencomputer, Nvidia-Grafikprozessoren als neue Rechenzentrums-Rechnerkerne einsetzen, Cloud-Rechenzentren mit „PC-Prozessoren" lösen die IBM-Mainframes ab, und vieles mehr), die bisher gültige Geschäftsmodelle in wenigen Monaten oder Jahren völlig uninteressant macht. Der Marktwert der Firmen würde dann in Tagen oder Wochen kollabieren.

Wer von uns und den genannten Firmen hätte schon den Mut gehabt wie Larry Page (geb. 1973) zu sagen, dass er eine Suchmaschine bauen wird, die alle Inhalte aller Millionen Computer der Welt erfasst und uns kostenlos zur Verfügung stellt? Wer von uns hätte den Mut gehabt wie Apple Chef Steve Jobs zu sagen, dass man einen Computer wie eine Taschenlampe anschalten kön-

> IBM: Start small, grow fast.

nen muss? Wer von uns hätte den Mut gehabt wie Microsoft zu sagen, dass jeder PC mit einem Microsoft-Betriebssystem Windows künftig jedes auf den Markt kommende neue Gerät sofort erkennt und problemlos in den PC integriert?

Viele Wirtschaftswissenschaftler sagen, dass es bei uns nicht nur an den bildungsbedingten mentalen Voraussetzungen fehlt, sondern auch an dem nötigen Wagniskapital. Ein wichtiger Aspekt ist dies zweifellos. Weder unsere behäbigen Banken, die etwa nach vielen Jahren erfolgreichem PayPal glauben man könne mit einem lustlos vertriebenen PayDirekt dage-

> Hängen wir so an unserem Geld, weil unsere Eltern und Großeltern Krieg und Not hautnah im eigenen Land erlebten? Ganz anders als in den USA?

gen erfolgreich angehen, noch unsere reichen Privatiers wollen solchen „verrückten Ideen" genug Geld geben, um sie zu realisieren. Scheint es uns da nicht sicherer, in unsere erfolgreichen Autohersteller zu investieren, Maschinen zu bauen, irgendetwas Neues innerhalb des vertrauten Terrains auszutüfteln?

Den Internet-Giganten sind solcherart Überlegungen durchaus geläufig. Sie bieten uns heute einen Rundum-Sorglos-Service an, weitgehend sogar kostenlos, bloß um ihre marktbeherrschende Stellung halten zu können. Dass dieses Geschäftsmodell weitergeführt werden kann, ist zu bezweifeln. Zu viele Konkurrenten drängen machtvoll in den Markt, die Innovationskraft lässt nach und die Kultur des weltweiten Staunens neigt sich einem Ende zu.

Die großen Internet-Firmen suchen die Gefahrenherde bei den neuen Start-Up-Unternehmen, in den Universitäten und sie haben sich auch in der klassischen Realwirtschaft festgemauert. Google hat sich aufgespalten in viele einzelne Unternehmensbereiche, die alle auf dem Markt nach Konkurrenten und Partner suchen müssen. Was immer gefährlich oder interessant werden könnte, wird aufgekauft. Teilweise zu horrenden Preisen. Wissenschaftler suchen naturgemäß immer neue Themen für ihre Forschung, Studienarbeiten und Promotionen. Die weltgrößte und derzeit qualifizierteste Informatiker-Gilde heißt Association for Computing Machinery (ACM) und sie versendet an ihre Mitglieder mehrfach im Monat TechNews. In diesem Newsletter sind die wichtigsten neuen Erkenntnisse und Themenfelder der Informatik genannt. Hintergrund ist immer die Sorge, etwas könnte unentdeckt bleiben und sich zu etwas Großem entwickeln. Die Internet-Giganten werten solche Newsletter aus und versuchen parallel, eine feste Marktposition zu erreichen. Übrigens handeln nicht nur die Internet-Firmen so. Ölfördernde Unternehmen beobachten mit leistungsstarken Computersystemen, was die Presse zu einzelnen, sie betreffenden Themen schreibt und ob im Internet neue Begriffe und Diskussionen etwa zum Umweltschutz aufkommen. Sie wollen vorgewarnt sein, wenn die öffentliche Diskussion plötzlich Vorgehensweisen kritisiert, die sie bis dahin hingenommen hat. Ein Thema ist etwa das Versenken von Ölplattformen. Ein anderes Thema wird die Versorgung der Weltbevölkerung mit gutem Trinkwasser sein. Die Flüchtlingsströme werden ebenso analysiert wie im Grunde alle politisch interessanten Themen. Softwarepakete, die solche Analysen durchführen, werden am Markt angeboten und sind zu begrüßen, solange ihre Ergebnisse kein Herrschaftswissen für wenige bleiben.

Amazon sammelt zur Sicherung seines Status weltweit Lagerhäuser und Transportkapazitäten. **Google** verschenkt sein Android-Betriebssystem für Smartphones und Tabletts und verlangt im Gegenzug, dass wir jedes Gerät und jeden Nutzer zumindest in Google-Mail registrieren.

> Ist kostenlos wirklich kostenlos oder bezahlen wir indem wir Marktanteile garantieren?

Kein anderes Unternehmen ermöglicht uns beispielsweise kostenlos und zudem überaus bequem, die Kalender mehrerer Benutzer zusammen zu führen. Viele Benutzergruppen, etwa Vorstände in kleinen Vereinen, führen deshalb ihre Kalender mit Google gemeinsam. Wer immer von der Gruppe dort einen Termin einträgt weiß, dass Sekunden später alle Mitnutzer unseres Google-Kalenders diesen Termin ebenfalls in ihrer Sicht auf den gemeinsamen Kalender haben. Dasselbe machen viele Familien: Tragen die Schulkinder den

> Die EU hat jetzt europäisches Datenschutzecht so formuliert, dass auch Google unsere Kalender geheim halten müsste. Das wird jedoch ein harter Kampf mit der US-Regierung werden. Unterstützt die EU!

Termin für den Klassenausflug ein, dann weiß die Mama ihn sofort auch. Damit ist das kostenlose Angebot von Google noch lange nicht erschöpft. Ein Office-System mit funktionalem Reichtum vergleichbar dem Microsoft Office können wir kostenlos nutzen. Wenn wir wissen wollen, ob es zu einem Thema weltweit neues Wissen (z.B. zu unserer Allergie) gibt, dann können wir bei Google kostenlos einen Alarm einrichten. Sobald zu dem von uns gewünschten Thema irgendwo auf der Welt eine neue Information bekannt wird, erfahren wir dies durch eine E-Mail. Das sind zweifellos faszinierende Funktionen, etwa für Krebs-Patienten, die ungeduldig auf eine neue Therapie hoffen. Die anderen Internet-Giganten haben ebenfalls ein vielfältiges Füllhorn an kostenlosen oder sehr billigen Diensten, die sie Tag und Nacht in einer unglaublichen Qualität und ständigen Verfügbarkeit anbieten. Alle diese Dienste stehen uns weltweit unterbrechungslos zur Verfügung. Reist einer aus der Kalendergruppe von Deutschland nach USA oder Australien, dann ist der Dienst dort so zuverlässig wie zuhause vorhanden. Benötigt ein Android-Nutzer ein neues Smartphone, dann wird er sich wieder ein Android-Gerät aussuchen, denn Google (unterstützt meistens von **SAMSUNG**) installiert es exakt so, wie sein altes Gerät auch funktionierte.

Microsoft bietet mit Windows ebenfalls ein Universum an Diensten. Bloß wenige Beispiele: Ein hochwertiger Virenschutz ist ebenso enthalten wie ein kostenloses Programm, um 3D-Gegenstände zu drucken. Das nimmt Herstellern von 3D-Druckern für den Heimarbeitsplatz, wie etwa Stratasys, fast alle Marktchancen. Unsere Fotos und Dokumente können wir in der Microsoft-Cloud (also einem hoch

> Drum prüfe wer sich ewig bindet: Nur eine europäische Cloud schützt unsere Fotos, Dokumente und sonstigen Objekte (Programme, Videos usw).

gesicherten Speicherplatz für viele Benutzer) sicher ablegen. Wer als Informatiker jemals ein Hochleistungsrechenzentrum geleitet hat und weiß, dass man nur mit viel exzellentem Personal und einige Millionen Euro eine Cloud in der Microsoft-Qualität einrichten kann, findet es fast unglaublich, dass heute jeder Privatmann diese Möglichkeit, kostenlos oder zu einem „Spottpreis", nutzen kann. Natürlich weiß heute auch jeder, dass ab einer gewissen Größenordnung solche Cloud-Dienste billig sind. Dennoch ist diese Entwicklung faszinierend. Der Nutzer sollte sich aber vor Augen halten, dass für die Microsoft-Cloud der europäische Datenschutz derzeit (2017) nicht gilt, für web.de und gmx.de und T-Online schon, und dass die Nutzung einer Cloud ein fast lebenslanges Treue-Zwangsverhältnis begründet. Man wird seine Foto-Sammlung mit zwei Terabytes wohl nie mehr in die Cloud eines anderen Anbieters umleiten.

Apple sichert sich ebenso ab und sucht, wie alle anderen Internet-Giganten, neue Betätigungsfelder. So will Apple seine Technologie auch in den Fahrzeugen anbieten. Die Idee ist faszinierend, denn Kraftfahrzeuge halten länger als eine oder zwei Computer- und Software-Generationen. Ein Update der Informationstechnik ist billiger als jede andere Modernisierungslösung. Die Versuche der Autoindustrie, auf diese Weise ihre Dieselmotoren Mitte 2017 sauberer zu bekommen, bestätigen dies. Eine ganze Reihe von Autofirmen (unter anderem BMW, Porsche, Ferrari) haben sich für AppleCarPlay exklusiv entschieden, andere wie Audi, Ford, Fiat, Mercedes-Benz, Volkswagen, wollen vorerst noch mehrgleisig fahren und neben AppleCarPlay-Technologie auch Android und teils auch MirrorLink ins Auge fassen. Toyota und Smart setzen auf MirrorLink.[60] Allzu lange werden die Autohersteller ihre Entscheidung für eine Technologie nicht mehr hinaus schieben können, sonst gewinnt der Erste, etwa Toyota. - Für die Internet-Giganten lässt sich ableiten: Sie stehen vor der Frage, ob diese Versuche, mit Partnern viele weitere Anwendungsbereiche zu besetzen, letztlich für die Konzerne als Sicherheit für die Zukunft ausreicht. Meine Antwort lautet: Nein. Und das werde ich jetzt auch begründen.

---

[60] Handelsblatt vom 17. Juli 2017, S. 24f

Wer sich mit Aktien von Firmen der Informations- und Kommunikationstechnik befasst, muss zugeben, dass sich der Wert eines Unternehmens wie Google, Apple, Microsoft usw. gar nicht objektiv bestimmen lässt. Rechenzentren mit ihrer ganz speziellen Konfiguration und nur für eine Firma verwendbare Software scheiden als Unternehmenswerte aus, denn aufgrund der technologischen Innovation wären sie, mal angenommen es gäbe eine Krise, in wenigen Monaten kaum mehr etwas wert. Außer ein paar Bürogebäuden ist – abgesehen von den La-

> So viele Jahre müssen die Firmen verdienen, bis sie ihren Firmenwert erwirtschaftet haben. KGV-Werte von Amazon 149, Google 28, Facebook 33, Ford 7.6, Siemens 15, Intel 12. (onvista.de am 17.07.2017)

gerhäusern von Amazon vielleicht – nichts realwirtschaftlich Bedeutendes mehr da. Den Marktwert schätzen Spekulanten nach Umsatz, Gewinnerwartung, den zwei Milliarden Nutzern von Facebook (Stand Juni 2017) ab. Das sind alles Zahlen, mit denen sich viel und wenig begründen lässt. Ein Privatmann sollte auf diese wackeligen Säulen keine Altersvorsorge aufbauen. Ein Schüler sollte so nur einen kleinen Teil seines Geldes für seine kommende Hochschulausbildung anlegen. Wir haben gesehen, wie rasch eine Weltmacht wie Russland heute zerfällt, wie schnell ein hoch geschätztes Unternehmen wie Nokia wertlos wird, wie IBM-Rentner plötzlich mit über 70 Jahren Taxifahrer werden mussten um zu überleben. Das Kurs-Gewinn-Verhältnis (KGV) sagt uns, wie viele Jahre ein Unternehmen Gewinne erwirtschaften muss, um den aktuellen Wert seiner Aktien verdient zu haben. Bei den Internet-Giganten ist der KGV zwar deutlich nach unten gegangen, im Vergleich zum produzierenden Gewerbe ist der Wert teilweise noch atemberaubend hoch.

Schwer genug ist, wie wir gerade gesehen haben, den Marktwert der Firmen der Informations- und Kommunikationstechnik zu bestimmen. Berücksichtigt man noch dazu, dass viele Umsätze und Gewinne dieser Firmen direkt oder indirekt von Werbeeinkünften abhängen, dann werden die Zahlenspiele der Börsianer zweifelhafter und ihre Spekulationen abenteuerlicher. Man kann natürlich mit Vorsicht auf dem Vulkan der Börse investieren und mittanzen. Wichtig dabei ist, dass man

> Immobiliengrund lässt sich nicht neu schaffen. Wer darauf investiert, hat mehr Sicherheit.

immer wieder an der Börse Kasse macht, um seine Risiken abzufedern. Aber das Ruhekissen, das sich Kostolany bei seinen Aktieninvestments[61] ausmalte, findet sich bei den Internet-Firmen nicht. Da hält man es vielleicht doch mit Warren Buffet und sucht sich einen Börsenindex, in dem viel Realwirtschaft steckt, und kauft sich davon einen ETF[62]. Werbung ist vor allem für Google und Facebook wichtig, denn drüber generieren sie ihren Gewinn. Google antwortet bei Suchanfragen der Nutzer in den ersten Antwortzeilen mit Hinweisen auf Unternehmen, die zu der Suche Informationen oder Dienste bieten. Klickt der Google-Nutzer auf einen dieser Links, dann muss das betroffene Unternehmen einen Werbebeitrag an Google entrichten. Das ist für beide, Google und das werbende Unternehmen, sehr lukrativ. Bei anderen Werbemaßahmen, Zeitungen oder TV, regnet es die Werbung im Gießkannenverfahren, auf Interessierte und Gleichgültige. Nur bei Online-Diensten kann Werbung genau denen zugestellt werden, die sich dafür interessieren. Amazon bietet seine Verkaufsplattform amazon.de nicht nur für eigene Geschäfte sondern auch für beliebige Shops an, die ein Amazon-Händler für sich bei Amazon einrichten kann. In dem Fall entsteht eine enorme Konkurrenzsituation, weil Amazon bei Suchen alle Anbieter mit ihren Preisen nennt. Das ist gut für die Amazon-Kunden und eine Herausforderung für die Händler, die über die Amazon-Plattform verdienen wollen. Die Händler würden allerdings weltweit keine andere Plattform finden, die ihnen mit so umfassender Unterstützung wie Amazon und mit eine derart immensen Reichweite zur Verfügung steht.

Dass diese Online-Geschäftsmodelle und -Werbemethoden weiterhin Bestand haben ist ziemlich sicher. Wenn man Gefahren für diese Geschäftsmodelle der Internet-Giganten identifzieren will, muss man stark differenzieren. Man muss beispielsweise sehen, dass zwar viel über die Verteilung der Werbeaufwendungen der Unternehmen und über die Inanspruchnahme von Medien (z.B.: Tagsüber nutzen Jüngere weit häufiger Facebook als TV, so dass es sinnvoll ist, sie so anzusprechen.) bekannt ist, die Effizienz der Werbung in dem Sinne, wieviel zusätzlichen Umsatz generiert diese Online-Werbung, ist dennoch weitgehend unbekannt.

Neue Ideen, so haben wir eingangs in diesem Kapitel gesehen, können auch die stärksten Konzerne ins Wanken und Fallen bringen. Unsere Kinder und Enkel haben neue Ideen und ein ganz anderes Lebensgefühl als die ältere Generation. So legen sie keinen großen Wert auf ein neues Auto. Sie kaufen lieber regionale Produkte als die der großen Lebensmittelkonzerne. Lieber reparieren sie eine alte Maschine als sie wegzuwerfen und einen Ersatz zu beschaffen. Wieso sollen sich diese Menschen eine Werbung anschauen? Inwieweit sind für

> Seit Jahren wird den Jüngeren Freizeit wichtiger als Geld. Die IG Metall Deutschlands will seit Juli 2017 die 28-Stunden Woche.

---

[61] Sinngemäß sagte Kostolany: Kaufen Sie Aktien, nehmen Sie Schlaftabletten und schauen Sie die Papiere nicht mehr an. Nach vielen Jahren werden Sie sehen: Sie sind reich.

[62] ETF = Exchange Traded Funds. Der Käufer eines solchen Wertpapier investiert in einen Aktienfonds, der einen der geläufigen Börsen-Indices (wie DAX, S&P500, Dow Jones, MSCI World) nachbildet.

diese Generation die Angebote auf Amazon interessant? Reagieren sie auf eine Werbung in Facebook, bei der Mercedes-Benz seine neue E-Klasse-Modelle anbietet? Gerade Facebook lässt eine gewisse Analyse der Werbeerfolge zu. Facebook erlaubt nämlich Kommentare und „Gefällt mir". Schaut man sich diese Kommentare einmal an, dann findet man überraschend viele negative Aussagen über die jeweils beworbenen Produkte. Meiner Feststellung nach führt dies dazu, dass die werbenden Unternehmen ihre Werbung in Facebook oft nach zwei oder drei Tagen löschen müssen. Der Negativ-Effekt der Kommentare kann so schnell den Werbeeffekt majorisieren und die Löschung erforderlich machen. Die beworbenen Produkte sind einer großen Zahl von Nutzern weitgehend gleichgültig und die Manipulation durch Werbung, Vergleichsportale, kurzfristige Hypes um irgendwas gehen an ihrem Lebensgefühl so vorbei wie eine Kanonenkugel an dem Leben einer Amöbe in der Pfütze am Straßenrand. Eine große Rolle spielt bei einem nennenswerten Nutzerkreis auch die Ablehnung großer Konzerne. Facebook, große Autofirmen usw. sehen diese Nutzer schon wegen der Größe der Konzerne negativ.

Ob es gelingt, diese „kritischen" Nutzer wieder positiv zu stimmen, müsste einmal getestet werden. Denkbar wäre, eine Werbung für eine einfach reparierbare, stabile Familienkutsche aufzunehmen, bei der vom Hersteller eine Mindestlaufzeit von 500.000 km garantiert würde. Das würde dem Lebensgefühl einer großen Zahl von Nutzern entsprechen. Das wäre auch machbar, etwa mit standardisierten Bordcomputern (à la Android) und einem neuen Nachhaltigkeitskonzept. Das werden die Hersteller und ihre Werbefirmen auch irgendwann erkennen. Man kann und wird Autos bauen, die sich besser reparieren lassen und die ohne Probleme in bestem Zustand 500.000 km Fahrleistung ermöglichen. Wer solche Produkte nutzt, benötigt keine Werbung zu einem neuen Modell, dessen Umwelt-Bewertung sowieso niemand mehr ernst nehmen kann. Diese Haltung wird sich nicht nur in Deutschland und Europa durchsetzen, denn es gibt gar nicht so viele Ressourcen, um in unserer heutigen Wegwerf-Mentalität Indien, China und Asien auszustatten. Dieser schonende Umgang mit Ressourcen wird kommen, die USA werden es offenbar ein wenig später merken, und dies wird das heutige Geschäftsmodell der Internet-Giganten wertlos machen, sonfern sie keine Anpassungen vornehmen. Wenn ich jetzt sage „wertlos machen", meine ich keinesfalls, dass die Werbung von heute 100% auf künftig 10% zurückgeht. Wir wissen, etwa aus einer Schwäche der deutschen Autoindustrie Anfang des Millenniums, dass allein ein Umsatzrückgang von 5% bis 10% zu extremen Verwerfungen am Aktienmarkt führt. Fazit ist, dass die negativen Auswirkungen auf die Technologie-Unternehmen sich bereits bei so geringen Veränderungen zeigen werden. Die New Economy krachte im März 2000 zusammen und riss alles mit sich, nachdem es bei einigen wenigen Aktientiteln überhaupt einmal bergab ging. Das kann sich jeden Tag wiederholen. Übrigens ist das eine wunderbare Chance für neue lukrative Investments am Aktienmarkt.

Zusammengefasst gilt, dass die Situation der Werbeeinnahmen bei den einzelnen Internet-Giganten ganz unterschiedlich ist. Veränderte Einstellungen in der Bevölkerung zur Werbung können sich teils gravierend auswirken. Insgesamt handelt es sich um ein komplexes Thema, das die Forschung noch gar nicht richtig analysiert hat. Doch wer hat gesagt, dass die Welt einfach sein muss?

Benötigen wir 500 Freunde auf Facebook? Nein, sagte selbst Facebook in seiner Werbung. Müssen wir jeden Tag lesen und selbst versenden, was unser Zweijähriger wieder verkleckert hat? Wer will wissen, an welchem Zipfel des Strands wir heute im Urlaub getaucht sind? Niemand! Wir wollen lieber zwei gute Fotos als eine Foto-Orgie mit vielen unvorteilhaften Gesichtern darauf. Brauchen wir WhatsApp oder einen anderen Messenger? Letztlich ist das nichts anderes als ein Mail-System. Auch bei einer Mail kann ich Mail-Gruppen einrichten, die Geschwindigkeit ist nicht anders als bei WhatsApp und andere Kosten entstehen auch nicht. Doch WhatsApp sieht besser aus. Außerdem weiß ich, wann die Nachricht gelesen worden ist.

Die jüngere Generation ist mit der Informations- und Kommunikationstechnik aufgewachsen. Sie bewertet diese Techniken kühl und nutzt bloß, was ihr sinnvoll erscheint. Da wird von den heutigen Produkten und Funktionalitäten viel Spreu vom Weizen getrennt werden. Bewusst muss uns sein, dass wir in allen Kulturen beispielsweise den Traum finden, uns von Robotern (oder allgemein gesagt: Maschinen) bedienen zu lassen. Weitergehende Träume sind jedoch kulturell sehr unterschiedlich und ihre Realisierung ermöglicht nicht unbedingt riesenhafte Umsätze und Gewinne. So ist der Siegeszug von Unterhaltungsrobotern, wie wir ihn in Japan etwa zur Freude der Senioren finden, in Europa kaum nachvollziehbar. Der amerikanische „Avatar[63] Traum" wird in anderen Kulturen ebenfalls ein geringes Echo finden. Der Avatar Traum ist die Vorstellung von einer Kultur, in der jeder mit Hilfe von Computertechnik sein kann, wer auch immer und wo auch immer er sein will.[64]

Welche Produkte benötigen diejenigen, welche bei den Bauern im Nachbardorf einkaufen? Was will jemand wissen, der biologische Lebensmittel nach Nährwert beurteilen will? Wie kann eine junge Familie die gebrauchten Kleider ihrer Kinder weitergeben? Wir können junge Familien ihre Autos, Fahrradanhänger, Gartengeräte mit anderen teilen? Welche sozialen Netzwerke will diese Community? In der Landwirtschaft geht ein Trend zur solidarischen Landwirtschaft, bei er viele Interessierte auf einem Bauernhof mitarbeiten, die Feldfrüchte unter sich aufteilen (auch solche, die nach EU-Norm vernichtet werden müssten) und die auch monatliche Pacht zahlen. Medien berichten, dass in Japan bereits jeder viere Haushalt so an einen bäuerlichen Hof angebunden ist. Was heißt das für Amazons Pläne, jetzt auch Lebensmittel zu liefern? Brauchen diese Kleinlandwirte große Internet-Firmen? Reichen für sie oder wollen sie sogar selbst entwickelte Internet-Plattformen? Zumindest hier in Süddeutschland findet man viele Software-Bastler, die Anwendungen erstellen, mit denen einige Tausend Anwender spielend versorgt werden können. Das reicht für die hier erwähnte Community völlig.

Sensibilität für den Datenschutz und die verbreitete Abneigung gegen mächtige, geldgierige und unethische Konzerne ist eine weitere Herausforderung, der sich die Internet-Giganten gegenübersehen. Datenschutz? Ist das wirklich ernst zu nehmen? Dass man zum Datenschutz irgendetwas etwas hinschreibt und etwas ganz anderes macht, war lange Zeit üblich. Doch irgendwann erkannten die Justizminister, dass im Internet dieselben Gesetze gelten müssen, die auch in der realen Welt gelten. Wenn eine virtuelle Bank dasselbe ist, was eine reale Bank ist, bloß mit dem Unterschied, dass kein Gebäude vorhanden ist, dann muss für die virtuelle Bank auch das Bankengesetz gelten. Dasselbe gilt

---

[63] Ein Avatar oder Agent ist eine App, die uns persönlich eine signifikante Verbesserung in einem Lebensbereich bringt. Gedacht ist natürlich an die Vorstellung, dass der Avatar irgendwann für uns die Mails sichtet und uns eine Zusammenfassung gibt, dass er für uns autonom einkauft, dass er für uns eine Reise bucht mit genau den Flügen und Hotels, die wir gerne haben. Da kmmen wir in den Bereich der Algorithmen und KI/AI-Produkte.
[64] Communications of the ACM, 07/2017, Vol. 60, Seiten 50ff.

auch für den Datenschutz. Die großen Internet-Giganten haben dies zum einen über die drastischen Strafen der EU-Kommission bei irreführenden Angaben zum Datenschutz zu spüren bekommen. Zum Zweiten entstehen immer mehr datenschutzgerechte Produkte wie etwa der Browser Cliqz von Burda. Die Datensammelwut der amerikanischen Internet-Giganten und des amerikanischen Staats, die nachfolgen im Kapitel über China quantitativ beschrieben wird, möchte Burda mit seinem bereits über eine Million Mal heruntergeladenen Browser beschränken.[65] In Europa entstehen alternative Technologien, die den Internet-Giganten nach und nach sehr gefährlich werden können.

Wie groß dieser Gegentrend der bewusst Lebenden ist, lässt sich schlecht sagen. Ob er in absehbarer Zeit den Trend aus der Dritten Welt, wo die wohlhabendere Mittelschicht die Produkte der Internet-Giganten gerne übernimmt, übersteigt, wissen wir nicht. Zahlen liegen dazu nur rudimentär vor. So meldet das Handelsblatt, dass sich in Deutschland de Umsatz mit fair gehandelten Produkten seit 2008 verfünffacht hat[66]. Das sind Zahlen, die den Aktienkurs-Steigerungen der Internet-Giganten nicht allzu viel nachstehen.

Ähnlich ist es mit den alternativen Strukturen. Open Source Software, Wikipedia, Open Street Map, Crowd Funding und vieles mehr zeigt, dass es große Gruppen in der Bevölkerung gibt, die bereit sind, sich zu engagieren und viel fachlich hervorragende Arbeit zu leisten, um große Konzerne zu entmachten. Dieser Trend scheint mir eher zuzunehmen als abzunehmen. Ein wichtiger Grund, vielleicht der wichtigste, dafür ist, dass sich die Engagierten so mit etwas Positivem identifizieren können. Wo gibt es das noch? Das große Auto interessiert niemanden mehr. Die Villa kann sich auch ein gut verdienender Millionär nicht mehr leisten. Aber in sozialen Projekten eine wichtige Rolle zu spielen führt zu menschlichen Kontakten und einer hohen inneren Zufriedenheit.

Monopole, Arbeitsplätze und Standards

Amazon mit weltweit ca. 74% der E-Books ist ein Monopolunternehmen, ebenso Facebook und Google etwa wegen der Suchmaschine und Android. Früher oder später wird man sich fragen, ob diese Monopole nicht zerschlagen werden müssen. Doch können Unternehmen der Informationstechnik und ihre Produkte so bewertet werden wie Gas-Lieferanten, Stromanbieter oder Eisenbahnunternehmen und Flugzeughersteller? Selbstverständlich geht das. Die Maßnahmen sehen bloß etwas anders aus.

Zerschlägt man Facebook und will der Gesetzgeber, dass die Kunden der durch die Zerschlagung entstehenden unterschiedlichen sozialen Netzwerke miteinander kommunizieren können, müssen lediglich technische Interoperabilitäts-Standards festgelegt werden. Das geht auf eine Weise, die zwar die Interoperabilität (Zusammenarbeit) ermöglicht und trotzdem den einzelnen Unternehmen genügend Spielraum für eine unterschiedliche, wettbewerbliche Ausgestaltung ihrer Dienste erlaubt.

Europäische Unternehmen könnten so in den Markt eintreten. Die Leuchtturm-Technik, die hier vorgestellt wird, könnte ebenso eine europäische wie eine amerikanische und chinesische Technik werden. Damit entstünden auch neue Arbeitsplätze in vielen Bereichen: Logistik, Programmierung, Projektmanagement, Neuronale Netz – Informatiker usw..

---

[65] Handelsblatt vom 21./22./23. Juli 2017, S. 14f
[66] Handelsblatt vom 3. August 2017, S. 24f

Nachhaltig bestehende Arbeitsplätze werden nur dann aufgebaut, wenn die Unternehmen und die dort Arbeitenden eine wirkliche Marktmacht entwickeln können. Andernfalls könne Techniken wie das tiefe Lernen nicht ausgereift zur Anwendung kommen. Die Mitarbeiter würden mit ihrem dann wertlosen Know-How keine neuen Stellen finden. Solche Arbeitsplätze strebt niemand an, der Wirtschaftspolitik engagiert und zukunftsfähig gestalten will.

Wenn allerdings mehrere im Wettbewerb stehende Unternehmen mit jeweils einem wertvollen Marktanteil tätig werden, entsteht technischer Fortschritt mit dauerhaften Arbeitsplätzen. Das ist kein billiger Hoffnungsschimmer, sondern eine ganz normale Entwicklung wie wir sie in allen neuen Technologien wie Kabelfernsehen, Streamingdiensten, Telefonunternehmen usw. sehen konnten.

„America First" zeigt die Verwundbarkeit

Als Schüler stellten wir uns den Zerfall des römischen Reichs recht dramatisch vor. Die Lehrer hatten uns den Zerfall der staatlichen Ordnung, der Sicherheit, der Versorgungsinfrastruktur und vieles mehr drastisch ausgemalt. Jahrelangen Vandalismus, Bürgerkriege in den römischen Provinzen und Zerfall des hoch entwickelten römischen Rechtssystems, das von vielen Ländern übernommen worden ist, und von dem einige Rechtsprinzipen bis heute in unserem Bürgerlichen Gesetzbuch noch gelten, belebten unsere Vorstellungen. Alle Länder und Reiche um das ehemalige römische Reich herum wurden in den Strudel des Zerfalls hineingerissen. Als dann die Sowjetunion zerfiel, kam es natürlich auch zu Rentenkürzungen, Kaufkraftverfall der Währung, einen Zusammenbruch der staatlichen Ordnung und der Befreiung ehemals in den Sowjetblock eingegliederter Länder wie DDR, Ukraine, Polen, Tschechien und den Ländern in Jugoslawien. Trotz aller Kriege und Turbulenzen verlief dieser Zusammenbruch für uns als Anrainer scheinbar undramatisch. Viele haben die internen Umwälzungen gar nicht bewusst wahrgenommen, trotz umfassender Berichterstattung in Zeitungen und Fernsehen. Erst jetzt, wo Russland zu alter Größe zurückfinden will, spüren wir die politischen Risiken.

Deutet sich ein neuer Zerfall an? Jetzt bezweifelt Präsident Donald Trump, dass die USA überhaupt noch die Speerspitze der wirtschaftlichen Entwicklung bilden und sich sehr abmühen müssen, um weiterhin Spitze zu sein bzw. es wieder zu werden. Auch hier kommt es zu dramatischen Veränderungen, etwa beim Ölpreis, dem Klimaschutz, den Aufsichtsregelungen für die Konzerne und den Wirtschaftsverträgen mit den Partnerländern der USA. Allzu viel Dramatik scheint, sieht man von der präsidialen Rhetorik ab, de facto noch nicht entstanden zu sein. Aber was kommt? Auf jeden Fall kommen die anderen Nationen auf vielerlei Gedanken. Einerseits sind die USA natürlich weiterhin die größte Macht auf der Erde, eine riesige und aufgrund ihrer Flexibilität auch stabile Wirtschaftsmacht, die größte Atommacht, die einzige Weltpolizei und sie sind da unersetzlich. Andererseits fragt man sich, was den amerikanischen Präsidenten so stört. Ist es nur die Wirtschaft? Befürchtet das Weiße Haus, ob es SAMSUNG nicht doch gelingen könnte, Intel nach und nach Marktanteile weg zu nehmen. Wo können die USA noch wirtschaftlich oder politisch erodieren? Im Bereich der Software gibt es mit Open Source viele Alternativen zu den großen amerikanischen Internet-Giganten. Europa hat Trump jedenfalls zusammengeführt und ihm die Entschiedenheit, zusammenzubleiben und stärker zu werden eingeflößt. Die Ökonomen sehen erste kritische Flecken im Wirtschaftsgefüge der USA: Der mittlere Stellenzuwachs sei seit 20015 zurückgegangen, die Qualität der neuen Jobs sei schlechter als früher und prekäre Arbeitsverhältnisse würden zwar die Arbeitslosenstatistik schönen aber die Beschäftigten nicht zufrieden stellen, Bauroboter würden zehnmal schneller Ziegel legen als Bauarbeiter bei einem Zehntel der Kosten, die Autokredite betrügen inzwischen allein 1,2 Billionen US-$.[67]

Heute können wir die einzelnen Industrien und Fertigkeiten, bei denen die USA nicht mehr an der Spitze stehen oder bald nicht mehr an der Spitze stehen werden, noch nicht auflisten. Die Digitalisierung wird von amerikanischen Unternehmen so stark beherrscht und etwa von Europa vernachlässigt, dass heute in dieser Branche keine amerikanische Schwäche zu erwarten ist. Ob stimmt, was manche Berater sagen, dass die neuronalen Netze und KI/AI die Vorherrschaft von Apple, Google, Microsoft beseitigt, ist heute noch offen. Diese Unternehmen sind auch bei den vier Leuchttürmen gut aufgestellt. Politische Aktionen wie „America First" führen erfahrungsgemäß zu einem Circulus Vitiosus, in dem die Schwächen immer deutlicher gesucht und hervorgehoben werden. Und die Anderen besinnen sich wie China und die EU auf ihre Stärken und ihre Solidarität.

Verschiedene Wissenschaftler weisen darauf hin, dass die Nutzung der Computersysteme von Amazon, Ebay, Twitter usw. die Gesellschaft und die Menschen verändert. 1994, so berichtet Jeremy Rifkin, hätten sich in den USA 780.000 Bürger als zahlungsunfähig erklärt, 2002 seien es bereits über 1,5 Millionen gewesen.[68] Ganz klar ist, dass hier eine Gesellschaft zerfällt. Nicht weil Außenstehende sie unterdrücken, sondern weil immer mehr Menschen und Unternehmen mit den schnellen, von der Digitalisierung diktierten Veränderungen nicht mehr mitkommen. Auch dies ist ein Grund für dieses Buch.

Der neue Trend in den USA ist die Gig-Economy. Hierbei handelt es sich um Internet-Plattformen, auf denen selbständig tätige Einzel- oder Kleinunternehmer Verträge für eine kurze Zeit abschließen. Dabei kann es sich um Verträge über Dienstleistungen handeln, die grundsätzlich von jedem Winkel der Welt aus erbracht werden können (z.B. Programmierleistungen, Dateneingaben, Redaktion von Texten, Erstellen von Produktionsplänen) oder um Verträge über lokale Dienstleistungen (z.B. Logistikaufgaben). Typisch dafür ist etwa Uber, mit dem Einzeltransporte vereinbart werden. Manche Ökonomen in den USA erwarten, dass bis 2020 etwa 40% der Arbeitsverhältnisse derartige Selbständigkeitsfirmen sein werden, die sich immer wieder kurzfristige Verträge verschaffen und so ihr laufendes Einkommen sichern. Positiv sei dies, weil Selbständige so aus den besten Jobs weltweit auswählen können und weil Unternehmen auf diese Weise die weltweit besten Mitarbeiter für sich arbeiten lassen können. Übersehen wird bei dieser Gesundbeterei, dass den wenigen, die davon profitieren, eine große Masse an Arbeitnehmern gegenübersteht, deren Einkommenschancen sich durch den krassen Wettbewerb permanent verschlechtern. Mit Forschungsaufträgen soll laut ACM geklärt werden, welche Algorithmen Angebot und Nachfrage optimal ausbalancieren und mit welchen Algorithmen eine Preisfindung erfolgen könnte. Falls derart die Zukunft der USA aussieht, werden Länder mit einem nachhaltigen Bildungs- und Beschäftigungskonzept wie in Europa ihrer Bevölkerung eine attraktivere Zukunft bieten können.

Bei der Informations- und Kommunikationstechnik entsteht dann ein Rückstand der USA, wenn die Modernisierung nachlässt. Dann können andere Firmen wie Web.de auch Clouds anbieten, BAIDU und TENCENT können in China Google ablösen und maßgeschneiderte Shops für dieses riesige Land anbieten. Auch Indien baut 2017 eine neue Infrastruktur auf, die sich nicht an den USA-Lösungen orientiert. Europa hat mit seinen Überweisungen, demnächst auch als Realtime-Überweisung (innerhalb von Sekunden) sowieso eine ganz andere Finanzkultur. Die Folgerung daraus ist, dass die Innovationskraft der USA ins Leere laufen könnte. Immer nur ein neues iPhone zu bringen mag den Umsatz in etwa halten, aber um am weltweiten Markt zu dominieren muss mehr angeboten werden.

---

[67] Robert Halver, US-Wirtschaft – Stark wie Popeye?, Abruf von onvista.de am 09.08.2017
[68] Jeremy Rifkin, Das Ende der Arbeit und ihre Zukunft, S. 13

Nicht die Garagenfirmen scheinen den inzwischen in den USA konsolidierten Firmen in die Quere zu kommen, sondern das Unvermögen und auch der Unwille der US-Entwickler, sich mit fremden Kulturen auseinander zu setzen. Wenn dann auch der Präsident noch auf den „Clash of Civilizations"[69] setzt und keine Verbündeten zusammenhalten will, könnte es eng werden.

[69] Samuel P. Huntington, Kampf der Kulturen: Die Neugestaltung der Weltpolitik im 21. Jahrhundert

Exascale-Computing war das erste Anwendungsgebiet, in dem die USA sieben lange Jahre und trotz heftiger Anstrengungen den Chinesen unterlegen sind. Nicht nur hat China die schnellsten Computer sondern auch die meisten der Supercomputer aus der Liste der TOP 500 schnellsten Computer der Welt. Mit Exascale-Computing bezeichnet man die allerschnellsten Höchstleistungsrechner. Sie benötigt, wer Theoretische Chemie betreibt, etwa um dichte Batterien mit hoher Ladekapazität herzustellen, oder die Entstehung von Krebs zu simulieren. Die Anwendungsgebiete sind fast unübersehbar und genug Rechenleistung ist nie vorhanden. Die USA hatten, als sie von China überholt worden waren, ein Ausfuhrverbot für Intel-Chips erlassen, um China die Vorherrschaft beim Exascale Computing zu nehmen. So wollten sie ihren Vorsprung wieder gewinnen und dauerhaft behalten. Damit sind sie gescheitert. China stellt selbst die nötigen Chips und die nötige Software her. Seit etwa 2001 arbeitet China an den sog. Godson-Rechnern für einfache Home-PCs. China hat schnell aufgeschlossen und kann heute herausragende Prozessor-Chips für Server liefern. Die IBM war ja auch so nett und hat ihre PC- und Server-Sparte an die chinesische Firma Lenovo geliefert. Als ich wenige Jahre danach in China war und als Vertreter des Ministeriums einen Informationsaustausch mit der chinesischen Regierung pflegte, verblüffte mich die herausragend gute PC-Ausstattung in den chinesischen Behörden. Man habe, sagte man mir, die gesamte Lenovo-Produktion erst einmal einige Jahre fast exklusiv dem chinesischen Markt zur Verfügung gestellt.

Dahinter steht ein strategisches Ziel der chinesischen Regierung. Vor allem in den Bereichen Cloud-Computing, Internet der Dinge, Chip-Design und Produktion, Software-Technologie und Breitband-Technologie soll der aktuelle Fünf-Jahres-Plan erhebliche Fortschritte bringen. 2004 hat China ein Gesetz über die elektronische Signatur verabschiedet. Das will allerdings aus zwei Gründen nicht allzu viel besagen: Auch Europa kennt seit vielen Jahren die elektronische Signatur, ohne dass dies wie in den USA zu einem großen Erfolg führte. Grund dafür ist die Vielfalt der nationalen, gegenseitig nicht kompatiblen Lösungen in der EU. Wenn die deutschen Unternehmen bis zu 80% ihrer Waren ausführen, kann eine deutsche digitale Signatur kein Erfolg werden. Zweitens übernimmt China viele Regelungen aus der EU (z.B. bei so einfachen Dingen wie dem Flaschenpfand), denn kein anderes Land bietet eine so totale Transparenz über seine Regelungen wie die EU auf dem Europa-Server https://europa.eu mit EURLEX[70].

Cloud-Computing wird wie im Westen auch in China von den großen Server-Rechenzentren angeboten, die für Internet-Nutzung vergleichbar Google und Amazon installiert worden sind. Alibaba, Baidu und Tencent bieten somit logischerweise auch Cloud-Dienste an. Im Bereich des **Internets der Dinge** arbeiten chinesische Firmen an Hybrid-Autos, Hausmanagement-Techniken, dem Einsatz von Computern im Gesundheitswesen und Energieeffizienztechniken. Intelligente Stadtverwaltungen und städtische Dienste sind selbstverständlich angesichts der vorhandenen Infrastruktur wichtige Innovationsbereiche. **Big Data** ist ein Schlagwort, mit dem alle Software- und Hardware-Technologien im Umgang mit riesigen Datenmengen beschrieben werden. Hardware betrifft etwa große und schnelle Speicherbereiche, die dem Nutzer (etwa dem Arzt, dem Polizisten) in Sekundenbruchteilen einen Zugriff auf gigantische Datenmenge ermöglicht wird. Die Daten könne deshalb nicht auf Magnetplatten oder ähnlich langsamen Datenspeichern gehalten werden. Es wird geschätzt, dass China 2012 etwa 364 Exabytes Daten speicherte. Jährlich kommen 250 Petabytes hinzu, was etwa 40 % der japa-

---

[70] Die EU ist insoweit in die Rolle des römischen Rechts geschlüpft, das auch von vielen Staaten in Teilen kopiert worden ist.

nischen Datenmenge und etwa 6% der amerikanischen Datenmenge entsprechen könnte.[71] China kann damit die großen Datenmengen, die im Land entstehen, selbst professionell auswerten. Für eine effiziente umweltverträgliche Besiedlung sind derartige Technologien wichtig. Anzunehmen ist, dass China wie der Westen diese Technologien auch für die Innere Sicherheit und das Militär nutzt. Kein Datenschutzgesetz, das den hier beschriebenen Prinzipien folgt, verhindert eine totale Erfassung aller einzelnen chinesischen Bürger.

Festzuhalten ist, dass China zielstrebig und mit hohem finanziellem Einsatz moderne Computer- und Kommunikationstechnik aufbaut. So wie bei Lenovo, dem PC-Tochterunternehmen das China aus dem PC-Unternehmensteil von IBM entwickelte, wird China in allen Bereichen des Computing beste Qualität zuerst für den Heimatmarkt und dann für den Export entwickeln. Ob dies dann zu solch niedrigen Preisen geschieht, dass andere Länder keine wettbewerbsfähige Computerindustrie mehr unterhalten oder aufbauen können, ist eigentlich keine Frage. Selbstverständlich wird das angestrebt.

Der Paukenschlag wurde am 19. Juli 2017 bekannt. Die chinesische Regierung sagte, dass China bis 2030 die weltweit führende Technik der künstlichen Intelligenz (AI) besitzen will. Man sehe hier einen Markt in der Größenordnung von 150 Milliarden US-Dollar für den heimischen Markt. Parallel hat die US-Regierung unter Präsident Donald Trump die Forschungsförderung erheblich reduziert. Leichter kann man „America First" wahrscheinlich nicht verspielen.

China arbeitet nicht nur auf einigen wenigen Schwerpunktthemen. Nein, das Land bearbeitet das gesamte Spektrum der modernen Informations- und Kommunikationstechnik. Eines der derzeit spannendsten Themen ist der Quantencomputer. Weil herkömmliche Chip-Fabrikationsverfahren keine um mehrere Größenordnungen höhere Rechengeschwindigkeiten mehr erwarten lassen, denkt man daran, mit Quantencomputern die Tür zu ganz neuen Rekorden aufzustoßen. Hier sind chinesische Institute und Wissenschaftler inzwischen auch führend, wie ACM TechNews vom 26. Juli 2017 berichtet[72]. Wie dieselbe Quelle berichtet, wollen die USA die Herausforderung jetzt doch anneh-

---

[71] Robert D. Atkinson, The Information Technology and Innovation Foundation, ICT Innovation Policy in China: A Review, July 2014

[72] Chinese Scientists Make New Breakthrough in Quantum Communication

Xinhua, July 25, 2017: Researchers at the University of Science and Technology of China have demonstrated long-distance free-space quantum key distribution during daylight, a breakthrough they say proves the feasibility of satellite-based quantum communication in daylight and establishes the foundation for a satellite-constellation-based global quantum network. The researchers, led by the Chinese Academy of Sciences' Pan Jianwei, used a wavelength of 1,550 nanometers and developed a free-space, single-mode fiber-coupling technology and ultra-low-noise upconversion single-photon detectors to achieve the daytime distribution across a distance of 53 kilometers (33 miles). Pan notes quantum communication is ultra-secure because a quantum photon can neither be separated nor duplicated, meaning it is impossible to wiretap, intercept, or crack the information it transmits. The research project is part of a broader effort by China to deploy the first-ever global quantum communication network by 2030, which would link a satellite constellation consisting of dozens of quantum satellites and ground-based quantum communication networks.

men.[73] Man muss erinnern, dass die Forschungen zum Quantencomputer noch in den Anfängen stecken. Bislang gelang es nur, für extrem kurze Zeiten und nur mit wenigen Atomen eine Art Quantenrechnen zu erzeugen. Problematisch ist nach wie vor, mit Quantencomputern Algorithmen zu rechnen, die sich immer wieder in derselben Weise wiederholen lassen, die also berechenbar sind, und die nicht wenige Millisekunden ablaufen sondern über Stunden und Tage. Zur Einschätzung der Fähigkeiten Chinas ist wichtig festzustellen, dass es sich bei Quantenrechnern um eine sehr tiefgehende Grundlagenforschung handelt, bei der nur mitreden kann, wer vorher riesige personelle und finanzielle Vorleistungen erbracht hat.

Frank Sieren, einer der führenden deutschen China-Spezialisten, weist im Handelsblatt vom 11. August 2017 auf die bei uns noch nicht wahrgenommenen wirtschaftlichen Erfolge der chinesischen Smartphone-Hersteller hin. Die Huawei-Handys haben 2017 nur 0,7% weniger Marktanteil als die iPhones von Apple. So ein durchschlagender Erfolg wäre vor fünf Jahren nicht denkbar gewesen. Hinzu kommt, dass mit Oppo und Xiaomi zwei weitere chinesische Firmen als Weltmarktführer in Erscheinung treten. Ganz offensichtlich ist die chinesische Wirtschaft auch dort stabil auf dem Vormarsch, wo sie von den staatlichen Förderungen und Programmen nicht profitiert.

---

[73] U.S. Looks to Quantum Science to Beat China in Supercomputing Race
CIO Journal, Sara Castellanos, July 25, 2017: The U.S. government plans to beat China in the development of an exascale supercomputer system by investing in quantum computing, partly through $258 million in Department of Energy grants allocated over three years.

In den Universitäten tummeln sich die meisten querdenkenden und hocheffizienten Studenten und Wissenschaftler. Sie verstehen die kommerziellen Produkte. Zudem habe sie alternative Vorstellungen, wie diese Produkte funktional reicher, einfacher zu bedienen und schneller auf den Computern ablaufen könnten. Und dann programmieren sie einfach mal eine solche bessere Alternative. Je nach Temperament skizziert der Wissenschaftler bloß mit ein paar dürren aber hoch effizienten Programmierbefehlen. So war es beispielsweise bei der Idee, für Internet-Auftritte einen schnellen und flexiblen Server, „a patchy server", zu programmieren. Witzigerweise ging das Produkt dann als „Apache"-Server in die Welt der Rechenzentren hinaus. Heute ist es ein beliebtes Programm in sehr vielen Rechenzentren.

Andere Programme werden von einer Organisation fortgeführt wie etwa **Mozilla**. Oder von Unternehmen, wie etwa die Java-Programmiersprache von **Oracle**. Auch für das fast überall eingesetzte Microsoft Office entwickeln und warten Gruppen und Organisationen fast gleich gute, ganz billige und teils kostenlose Alternativen. Eine heißt Open Office[74]. Benötigt man Windows, um Computer zu betreiben? Nein, auch nicht. Windows lässt sich einfach durch irgendeines der beliebten Unix-Betriebssysteme ersetzen. Der PC-Nutzer muss allerdings für den Einsatz ein wenig mehr wissen. Der Vorteil ist jedoch, dass niemand diesen Computer abhört, wenn der Besitzer das nicht will, und dass der Besitzer auch keinerlei Verpflichtungen gegenüber irgendeiner Firma oder irgendeinem Land eingeht. Bei so viel Vorteilen ist es kein Wunder, dass Organisationen wie die Stadt München oder der Bundestag versuchen, ausschließlich mit diesen sog. offenen Systemen zu arbeiten. Erschwert wird dies, weil manche Programme etwa zu Geodatenverarbeitung (also zu Verarbeitung von Landkarten für den Umweltschutz oder den Katastrophenschutz) von den Herstellern nur für Windows zur Verfügung gestellt werden. Für diese Programme sind (noch) keine offenen Produkte verfügbar.

Wer sich für die Welt der offenen Systeme oder der Open Source Systeme interessiert, wird feststellen, dass er kostenlos Software beziehen kann. Diese Software darf man erweitern, aber je nachdem was man sich ausgesucht hat, muss man diese Erweiterung eventuell veröffentlichen. Das ist als Gegenleistung an die Open Source Community für das ursprüngliche geschenkte Open Source Programm gedacht. Die Interessen derjenigen, die kostenlos hoch komplexe und qualitativ beste Software entwickeln, bei Fehlern diese beheben (Wartung, Update) und bei technologischen Entwicklungen diese Software auch modernisieren, sind natürlich vielfältig. Man muss sich den Partner oder die Interessengruppe („community") suchen, der man sich emotional und technologisch verbunden fühlt. Offene Software ist nicht lizenzfrei. Wer sie nutzt, muss die jeweiligen Lizenzbedingungen genau durchlesen. Sie sind ernst gemeint.

Eins wird klar: Diese Open Source – Gruppen bilden eine Macht. Die ist den Internet-Giganten natürlich ein Dorn im Auge. Um sie etwas zu strangulieren, haben sie darauf hingewirkt, dass im Urheberrecht ein Passus aufgenommen wurden, der eine sog. Rückentwicklung kommerzieller Software nicht erlaubt ist. Was heißt das? Nun, im von Neumann-Computer ist das gesamte kommerzielle Programm im Speicher. Jeder kann erfahren, wie die Computerbefehle aussehen. Das dürften Millionen

---

[74] http://www.openoffice.org/why/index.html (Abruf am 27.07.2017). Dies ist eine Seite der The Apache Software Foundation und sie sagt dazu: Apache OpenOffice is the leading **open-source office software suite** for **word processing, spreadsheets, presentations, graphics, databases** and more. It is available in **many languages** and works on all **common computers**. It stores all your data in an **international open standard format** and can also read and write files from other common office software packages. It can be downloaded and used completely **free of charge** for **any purpose**.

von Menschen sein, die das wissen oder in wenigen Tagen sich professionell aneignen können. Dann schauen die sich an, wie der von Neumann Computer nach und nach das kommerzielle Programm ablaufen lässt und sie können es nachprogrammieren. Das, so heißt es im Urheberrecht, wäre ein Stehlen von Betriebsgeheimnissen. Noch gefährlicher für die Internet-Giganten ist jedoch, wenn diejenigen, die das kommerzielle Programm so bis in die tiefsten Geheimnisse analysiert haben, ein alternatives Programm schreiben würden, bloß viel, viel besser als das kommerzielle Programm. Dann wäre das kein Plagiat, sondern eine Innovation. Beides kann nicht im Interesse der kommerziellen Software-Häuser sein.

Das Urheberrecht übertreibt. Eine grundlegende Analyse kommerzieller Software erscheint mir aus gesellschaftlicher Sicht notwendig. Firmen sollten meiner Meinung nach sogar verpflichtet werden, ihre Programme offen zu legen. Zwei Beispiele sollen das begründen:

- Der Diesel-Skandal mit den Bordcomputern, die bloß auf dem Prüfstand die Abgase reinigen und sie sonst ungefiltert ausstoßen, hätte nie und nimmer passieren können, wenn diese Programme veröffentlicht und für Behörden, sachkundige und interessierte Wissenschaftler und Programmierer einsehbar gewesen wären. Diese Programme sind in einer sehr computernahen Programmiersprache geschrieben. Wenn man das betonen will, spricht man auch von Firmware. Das ist aber nichts anderes als die Programmiersprache von speziellen Kleincomputern (Microprozessoren).
- Die Android-Smartphones erlauben Google-Maps aufzurufen. So kann man sich ansehen, wo man sich gerade befindet, falls man die Standortbestimmung unter Einstellungen / Datenschutz zugelassen hat. Außerdem kann man Mails, WhatsApp- Nachrichten, SMS usw. diktieren statt tippen. Die Qualität dieser Dienste ist, wie bei Google üblich, auf höchstem Niveau. Jeder will das alles immer wieder oder generell nutzen. Aber keiner darf wegen der oben erklärten Einschränkung unseres Informationsanspruchs im Urheberrecht das Google-Unix-System Android genau analysieren und/oder die Google-Programme im Speicher des Smartphones beim Ablauf beobachten, um festzustellen: Was macht das Smartphone und was machen die Hochleistungsrechenzentren von Google in den USA und anderen Orten der Welt? Wo habe ich Viren? Das aber wäre extrem wichtig, ist heute aber zumindest strittig. Anders kann man nicht einschätzen, welche Daten der Smartphone-Besitzer bloß in seinem Gerät hat und welche er auf dem Gerät und zusätzlich in einer endlosen Aufnahme aller Aktivitäten des Geräteinhabers in den USA hat. Dazu: Da Google eine amerikanische Firma ist, muss sie aufgrund des „Patriot Acts" und anderer Sicherheitsgesetze der USA alle Daten in die USA übertragen, egal wo sie anfallen.

Viele denken darüber nach, ob die heutigen Gesetze richtig sind. Da kann sich viel entwickeln, vor allem in Europa. Die EU geht aber mehr und mehr dazu über, ihre Gesetze auch durchzusetzen. Das ist gut und wird den Markt noch gehörig durcheinander wirbeln. So entsteht Nährboden für neue Innovationen statt für alte Verkrustungen.

Die Internet-Giganten wollen noch mehr erreichen. Wo heute das Internet noch weitgehend allen Nutzern dieselben Kommunikationsstrecken zur Verfügung stellt, wollen Firmen wie Amazon, Ebay, Facebook und andere exklusive schnelle Strecken. Dann würden ihre Kunden noch weniger zu anderen Kaufportalen oder sozialen Netzwerken (da gibt es auch viele Alternativen zu Facebook) wechseln. Man nennt das die **Netzunabhängigkeit des Internets**. Hoffen wir, dass die Politik diese **Freiheit des Internets** und seine **Netzneutralität** dauerhaft sichern. In den USA scheint dieser Freiheitskampf schon verloren. In Europa sollten wir anders verfahren, denn nur so können die alternativen Anbieter, die innovativen Querdenker, die künftigen Garagenfirmen und unsere europäischen Portale weiterleben, immer neu entstehen und sich den Entwicklungen anpassen.

Die Chancen der offenen Systeme sind noch lange nicht ausgeschöpft. Zählt man die Fachleute zusammen, die heute die offenen Systeme zu fairen Gehältern oder Lizenzgebühren betreuen, kommt eine beachtenswerte Summe zusammen. Mein Eindruck von vielen Gesprächen ist, dass dieser Personenkreis immer größer wird. Worauf Viele warten sind offene Betriebssysteme für PC und für Smartphones, die nicht alle Daten in die USA an die großen Konzerne und wahrscheinlich auch an die Geheimdienste übertragen. Dafür benötigt man **ein europäisches Unternehmen, das den strikten Willen hat, auf dem Gebiet der offenen Systeme für Privatnutzer erfolgreich zu sein**. Die Kunden, die solche Systeme wollen (die „Community"), ist zahlungskräftig genug und vorhanden. Wer für das Aufstellen von IKEA-Möbeln zahlt, zahlt auch für die Einrichtung eines Computers und Smartphones. Im Übrigen würden die Lizenzgebühren für Microsoft und Apple wegfallen. Damit wäre ein finanzieller Puffer für anständige Gewinne vorhanden. Allerdings müsste das Modell den Nutzern mit etwas Werbung erklärt werden.

Wie mächtig der Trend ist, ohne sichere Bezahlung allenfalls für ein paar Kleinigkeiten an großen Projekten mitzuwirken, offenbaren das Crowd-Funding und Crowd-Sourcing. Beim letzteren registrieren sich Experten, um an Projekten, die sie für wichtig halten, mitzuwirken. So haben sich laut Local Motors über 53.000 Entwickler als Produktdesigner für E-Shuttles und andere E-Autos registriert.[75] Das ist einerseits erfreulich, andererseits geben diese Entwickler ihre guten Ideen mitsamt sämtlichen Rechten (Urheberrecht, Nutzungsrecht) an die jeweiligen Firmen ab.

Die geplanten hochintegrierten Systeme sind fragil und unzuverlässig

Einerseits haben wir viel mit Hilfe der Computer realisieren können: eine automatische Auswertung von Röntgenbildern, die viel sorgfältiger als ein menschlicher Betrachter auf Krankheiten hinweist, oder gigantische Datensammlungen, die eine effiziente und zielgerichtete Behandlung schwerer Krankheiten wie Blutkrebs überhaupt erst ermöglicht. Künstliche Intelligenz soll uns demnächst autonom fahrende Kraftfahrzeuge bieten. Selbstlernende Systeme sollen uns wissenschaftliche Erkenntnisse bieten, die Menschen ohne diese Computersysteme nie gefunden hätten. Eon will von Google ein Computersystem nutzen, das aus den Satellitenaufnahmen der Häuser die Dachflächen und ihre Eignung für Solarsysteme berechnet. Diese Dinge werden wir mehr und mehr integriert in unseren Alltag vorfinden.

Manche Hoffnungen sind grandios übertrieben, so viel kann hier schon gesagt werden. So meldete TechNews kürzlich, Computersysteme könnten sich automatisiert Videofilme anschauen und daraus lernen. Oh Gott, denke ich da, denn qualitativ hochwertige Videofilme, aus denen man etwas lernen kann, finde ich nicht einmal bei den kommerziellen Schulungsvideos. Die meisten sind geeignet, um in einer Schulungsgruppe Impulse für eigenständige Überlegungen und Recherchen zu geben. Aber wer sein Lernen darauf reduziert, wird nicht weit kommen und mehr Irrwege gehen als produktiv verwertbare ganzheitliche Informationen sammeln.

Denken wir zurück an die bisherigen Hoffnungen. Niemand wird sagen können, wie viele Forscher ihre Doktortitel und Professorentitel mit den Vorstellungen gewonnen haben, dass Systeme wie Amazon oder Ebay jedem unternehmerisch Interessierten einen Zugang zum Markt bieten, ohne dass

---

[75] Marius Wolf, Die Masse machts, Handelsblatt Nr. 164 vom 25./26./27. August 2017, S. 62f

diese Neu-Unternehmer etwas investieren müssen. Marktzugang ohne Investitionen, barrierefreies Unternehmertum und so weiter klangen die Loblieder eine Zeitlang. In der Finanzkrise stellte man dann fest, dass der wirtschaftliche Erfolg Amerikas nicht darauf gegründet war, sondern auf eine ultralockere Kreditvergabe. Jeremy Rifkin hat dies in mehreren Publikationen erläutert.[76] Das Ergebnis war letztlich nicht mehr Wohlstand für die USA, sondern vielmehr ein Auseinanderfallen der Bevölkerung in einen Teil, der immer reicher wurde, und einen Teil, den man zwar mit dem „Tellerwäscher zum Millionär"-Traum blendete, der aber niemals eine echte Chance bekommt, diesen Traum zu realisieren. Solche Beispiele zeigen, dass eine Gesellschaft, die künstliche Intelligenz und neuronale Netze mit Tausenden von komplexen Algorithmen nutzt, in viel stärkerem Maße als wir es bisher gewohnt sind, über sich nachdenken muss. Wir müssen verstehen und uns bewusst machen, wohin wir driften. Unsere Politiker reagieren heute erst, wenn sich ein Missstand zeigt. Dann wollen sie als Retter erscheinen. Das wird in der Zukunft nicht reichen. Hier wird die Politik vorausschauend beobachten und eingreifen müssen. Da werden die Politiker verführt sein, bürokratische Barrieren aufzubauen und Untergangsszenarien Glauben zu schenken. Dem entgegen zu wirken, die Freiheit zu bewahren und die kreative Kraft von Innovationen fortzuführen, wird uns in der Zukunft beschäftigen.

Wenn komplexe Computersysteme nacheinander oder parallel zueinander funktionieren müssen, entstehen in der Realität riesige Probleme. Der Grund ist, dass sich solche verteilten Systeme nicht sicher entwickeln und betreiben lassen. Auf die hier einschlägigen Erkenntnisse von Kurt Gödel haben wir schon am Anfang hingewiesen. Wenn wir drei Systeme zusammenschalten, von denen jedes mit der Wahrscheinlichkeit von 2% ausfällt, dann fällt das Gesamtsystem mit mehr als 3*2% = 6% aus. Die Risiken unabhängiger Ereignisse addieren sich, alle drei können gleichzeitig ausfallen und das Zusammenschalten bringt weitere Risiken dazu. Kein Wunder ist deshalb, dass die großen Computer-Unternehmen sehr darauf achten, dass sie ihre Anwendungen stabil halten und funktional kaum erweitern. Lieber entwickelt Google ein neues Google-Programm als dass die vorhandenen Systeme enger verflochten werden. Auch Facebook hält seinen Messenger lieber als separates System vor, als sie voll in sein vorhandenes Facebook zu integrieren. Gesagt wird zwar, der Grund dafür seien Datenschutzüberlegungen. Das überzeugt allerdings nicht, denn die Daten zwischen diesen separaten Systemen werden schrankenlos ausgetauscht. Fazit ist somit: Die vorhandenen großen Anwendungssysteme werden vielfach wie Spielzeug behandelt. Eine ernsthafte Modellpolitik gibt es aus Gründen der Beherrschbarkeit der komplexen Programme nicht. Einen zielgerichteten Upgrade von einer Android-Version 5 zu einer Android-Version 8 vermeidet man. Wenn bei Sicherheitsupdates etwas schief geht, hat dies keine Konsequenzen, denn die Nutzer trauen sich kaum zu meckern, weil ja alle Produkte sowieso „kostenlos" sind und sie erzogen wurden, die Work-Arounds und die Fehler auf ihren Systemen selbst zu suchen.

---

[76] Jeremy Rifkin, Martin Kempe, Das Ende der Arbeit und ihre Zukunft

Fazit: Unsere Initiative ist gefragt

Bei Digitalisierung geht es im Kern nicht um mehr und schärfere Fernsehprogramme oder um einen Internet-Zugang, mit dem wir noch schneller Bilder aus dem Internet herunterladen können. Vielmehr geht es um unsere wirtschaftliche Zukunft, um unsere Fähigkeiten die wissenschaftlichen und gesellschaftlichen Aufgaben zu lösen und um unseren privaten Wohlstand.

George Soros nennte am 24.01.2018 Konzerne wie Google und Facebook aufgrund ihrer Produkte und Profilbildung ihrer Nutzer und Kunden eine größere Gefahr für die Demokratie als man je für möglich angesehen hat. Sie würden schon heute sogar unsere Art zu denken und zu handeln beeinflussen. Dem kann man, was die eifrigen Nutzer angeht, sicher zustimmen. Leider sind viele Heranwachsende dabei, die sich ihr Leben, ihre Freizeitgestaltung und ihre Kommunikation gar nicht mehr anders vorstellen können.

Unsere Kinder müssen diese neuen komplexen Techniken beherrschen, ohne überfordert zu sein und ohne ihr persönliches Glück aufs Spiel zu setzen. Dazu müssen wir sie ausbilden. Sie benötigen ein ganzheitliches Bild der künftigen Gesellschaft. Oberflächliches Bejubeln der Technologien, ohne deren Grenzen aufzuzeigen, führt nicht zu diesem Ziel. Auch ein Bildungssystem, das noch mehr als heute ausschließlich dazu dient, der Wirtschaft die benötigten Fachleute bereit zu stellen, ist falsch. Wir benötigen ein ganzheitlich bildendes Schulsystem, das Kunst, Literaturwissenschaft, Religion, Philosophie und allerlei „zweckfreie" Tätigkeiten ebenso unterrichtet, wie Mathematik und Naturwissenschaften.

„Wenn du nicht für dich bist, wer soll es dann sein?" könnte auch als Motto zur Bilanz über unsere Betrachtungen der modernen Informations- und Kommunikationstechnik stehen. Eltern und Großeltern müssen darauf drängen, dass Jugendliche mit „Bodenhaftung" ausgebildet werden, Städte geplant werden und Freizeit genutzt wird.

Stichwortverzeichnis

Abhörsicherheit 12
Abschnitts-Gesellschaft 77
Abschottung 63
Advanced Analytics 14
Aggression 82
AI 45
AI/KI Anwendungen 49
Aktien 103
Algorithmen, allgemein 41
Alles 79
Alles, die Angst vor Allem 22
AMD 28
America First 108
American Civil Liberties Union (ACLU) 15
Amerika und Digitalisierung 100
Anonymisierung 59
Anwendungen AI/KI 49
Apache 114
Architektur der Computertechnik 24
Aristoteles 18
ARM 28
Artifical Intelligence 45
Auskunft bei Leuchttürmen 75
Auskunft über gespeicherte Daten 52
automatisiertes Lernen 35
autonomes Denken 84
Autonomes Fahren 46
Avatar 15
Avatare 46, 85
Backtracking-Methode 36
Backups 66
Big Data 15, 53
Binärzahlen 24, 25
Bitcoin 13
Blockchain 13
Brin, Sergey 22
Bundesnetzagentur 15
CDU 8
China und Exascale 111
China, Digitalisierungsthemen 112
Cliqz 65
Cloud 15, 53
COBOL 50
Comité Nationale pour l'Informatique et la
    Liberté (CNIL) 71
Cookies 65
CPU 26
Crowd Funding 22

Cyberwar 12
Dark Site 72
Dark Sites 54
Data General 28
Data Intelligence 14
Daten im Speicher 25
Datenerhebung 52
Datensammelwut 107
Datenschutz, wieso 56
Datenschutzbehörde 52
Datenschutzbehörden 20
Datenschutzgrundverordnung 60
Datensicherung 63
Datenspuren 52
Datenstrukturen 27
Datenübermittlung 58
De.Mail 63
deep learning 36, 50
Denial of Service 55
Denken des Computers 85
Diagnosesystem mit AI/KI 47
Dieselskandal 39
Digital Equipment 28
diktatorischen Regierungen und
    Verschlüsselung 61
DOS 17
D-Wave 31
Echo-Hören 36
E-Government 78
Ehrenamts-Taler 13
Einstein, Albert 9
elektromagnetischen Impuls 12
elektromagnetischer Impuls 12
Elektro-Smog 12
Europäische Unternehmen 107
Europa-Server 59
Exascale 28, 111
Exascale-Computer 30
Fake News 24
fehlerfreie Computer 9
fehlerfreien Computer 9
Forschungsinstitut für anwendungsorientierte
    Wissensverarbeitung (FAW) Ulm 45
Frank, Anne 45
freier Wille 84
Garagenfirmen 17
Gates, Bill 17
Gehirn 34

Gerechtigkeit 23, 77
Geschichte der Informatik 21
Giga-Internet 12
Gig-Economy 109
Glasfaser 55
Glasfaser in die Fläche 12
Glaube 98
Glück 93
Gödel, Kurt Friedrich 9
Google 22
Google Maps 79
Gott 21
göttliche Ordnung 91
Gottvertrauen 82
Gutenberg 19
HANA 14
History of Computer Science 21
Honeywell 28
IBM 28
IBM Q 31
Industrie 4.0 16
informationelle Selbstbestimmung 70
Informationsgesellschaft 80, 97
Informationsstrategie, persönlich 92
Instantiierung 87
Intel 28
Internet der Dinge 11
Internet of Things 11
Jesus 89
Jobs, Steve 17
John Twelve Hawks 56
Judenvernichtung mit Hilfe der IT 24
Kernwaffen 12
KI/AI 45
KI-Institut 45
Kinderschutz im Internet 71
Kirche 4.0 16
Komplexität 91
Konsumentenrechte 44
Kryptowährung 13
künstliche Intelligenz 45
Launcher 47
Lebenskunst 94
Leibniz Rechenzentrum, München 30
Leibniz, Gottfried Wilhelm 21, 24
Lochkartenstapel 17
Logik 26
Long-Short-Term-Memory (LSTM) 40
Löschung 59
Luther, Martin 18
Lütz, Manfred 82

Malware 73
Manipulation durch Algorithmen 42
Maschinelles Beweisen 47
McCarthy, John 45
Medien 19
Merkel, Angela 8
Mitbestimmung 78
Modellbildung 82
Monopolunternehmen 107
Musk, Elon 8
Muße 93
Mythen 86
Mythen sind also weder wahr noch falsch 87
Mythen: Mit der unsichtbaren Energie
    rechnen 86
Neid 77
Netze 55
Netzneutralität 15, 115
Netzwerkcomputer 55
Neuronale Netze 34
Nixdorf Computer 28
Objektorientierte Datenbanken 27
Ontologien 48
Open Data 78
Open Government 78
Open Source 114
Open Street Map 22
Page, Edward, "Larry" 22
Palliativmedizinier 83
Parallelverarbeitung 36
Partizipationsportal 78
passive Sicherheit 65
Penkoke, Vince 45
personenbezogene Daten 52
Persönlichkeitsrecht 70
Politik und Digitalisierung 96
Prädikatenlogik 26
Präsentationstechnik AI/KI 49
Private Cloud 53
Produkthaftung 46
Programme in einem elektronischen Speicher
    25
Quantencomputer 30
Quantenverschränkung 30
Qubits 30
Recht, Verarbeitung zu verstehen 76
Recurrent Neural Networks 40
Regeln in einer Datenbank 48
Risiko 57
SAP 14
Schulz, Martin 8

Schutzgut 63
Schutzgüter 57
Schutzmaßnahmen 64
Science Fiction 74
Sehbehinderte, Unterstützung durch KI/AI 47
Sicherheit, Definition 57
Sicherheitsmaßnahmen 64
Siemens 28
Signalmeldung beim Menschen 34
Signaturgesetz 62
Smartphones schützen 67
Spam-Ordner 72
SPD 8
Spitzer, Manfred 72
Sprache verstehen 47
Steganografie 61
Sucht 91
Supercomputern 24
SuperMUC 30
Technikfolgenabschätzung 20
Telefunken Computer 28
Testate 74
Theodizee 82
Theologie 82
Three-Tier-Architektur 29

TR 440 17
Transparenz 39, 74
Transparenz für Benutzer 44
Traveler 56
Übersetzung 39
Übersetzungen 38
Urheberrecht 39, 114
Verkabelung 8, 12
Verschlüsselung 61
Vertraulichkeit und Integrität
    informationstechnischer Systeme 71
Verwaltung 4.0 16
von Neumann, John 24
Wahrheit 87
Wahrheitswert, Mythen 86
Wahrheitswerte 26
Wartung bei AI/KI 49
Werbemethoden 104
Werbung 104
Wikipedia 22
Wirtschaftsleistung pro Mitarbeiter 21
WPA2 41
Wurzel-Verschlüsselungs-Zertifikat 62
ZEN-Buddhismus 99
Zweckbindung 58